Jeßing
Bibliographieren für Literaturwissenschaftler

Benedikt Jeßing

Bibliographieren
für Literaturwissenschaftler

Philipp Reclam jun. Stuttgart

Universal-Bibliothek Nr. 17640
Alle Rechte vorbehalten
© 2003 Philipp Reclam jun. GmbH & Co., Stuttgart
Gesamtherstellung: Reclam, Ditzingen. Printed in Germany 2003
RECLAM und UNIVERSAL-BIBLIOTHEK sind eingetragene Marken
der Philipp Reclam jun. GmbH & Co., Stuttgart
ISBN 3-15-017640-9

www.reclam.de

Inhalt

Vorwort

Das hier vorgelegte Bändchen will einerseits eine grundlegende Einführung in das (nicht nur) literaturwissenschaftliche Handwerk des Bibliographierens liefern; andererseits versucht es, die wichtigsten Hilfsmittel, Nachschlagewerke, Überblicksmonographien usw. der germanistischen Literaturwissenschaft zu versammeln, die Studentinnen und Studenten des Faches bekannt, wenn nicht gar vertraut sein oder sogar als Exemplare der eigenen kleinen Studienbibliothek zur Verfügung stehen sollten.

Das Handwerk des Bibliographierens scheint gerade im Zeitalter der scheinbar vollständigen elektronischen Erfassung aller Informationen für alle denkbaren Einzelbereiche des alltäglichen Lebens wie auch der verschiedenen wissenschaftlichen Disziplinen ein einfaches Geschäft zu sein: Auf die bloße Eingabe eines Titels oder Autornamens in ein Computerterminal hin soll der Rechner die Fülle der gewünschten Informationen – bestenfalls schon in der gewünschten Formatierung – liefern. Solchem Technik-Optimismus folgt sehr schnell die Desillusionierung; die Studierenden wenden sich in den meisten Fällen an ihre Lehrenden: Es gebe keine Forschungsliteratur zum gewählten Thema. Auf den eher fragenden Blick der Lehrenden hin kommt die Standard-Begründung: »Ich habe aber im OPAC nichts gefunden«.

Dem liegt natürlich eine völlige Fehleinschätzung zugrunde: ein OPAC ist niemals ein Bibliographier-Instrument! Der »Online Public Access Catalogue« einer (Universitäts- oder Stadt-)Bibliothek verzeichnet nur die Titel derjenigen *Bücher* (!), die zufälligerweise in dieser Bibliothek stehen (sofern diese überhaupt komplett online erfasst sind); er enthält kein auch nur annähernd vollständiges Verzeichnis des wissenschaftlichen Schrifttums in

Buchform, die Titelaufnahmen eines OPAC sind meist *nicht* verschlagwortet, d. h. man findet ein Buch zu Goethes *Iphigenie* nur dann, wenn das Wort »Iphigenie« zufällig im Buchtitel auftaucht; kein einziger wissenschaftlicher Aufsatz kann über den OPAC erschlossen werden, denn diese, meist in Sammelbänden oder Zeitschriften unselbständig publiziert, können nur über Spezialbibliographien des Faches tatsächlich erschlossen werden.

Das Werkzeug des Bibliographierens ist also zunächst eben nicht der Computer, über den auf eine Datenbank zugegriffen würde; vielmehr ist Bibliographieren im eigentlichen Sinne *Hand-Werk*: Mit Bleistift und Papier sitzt man – etwa bei der Vorbereitung eines Referates oder einer Hausarbeit – in der Fachbibliothek, um aus den einschlägigen Bibliographien und Nachschlagewerken Angabe für Angabe korrekt und nachvollziehbar auszuschreiben. Ein ausführliches Beispiel für einen solchen Arbeitsvorgang liefert der letzte Teil dieses Bandes (vgl. S. 113 ff.).

In loser Fortsetzung des Bandes *Arbeitstechniken des literaturwissenschaftlichen Studiums* (Stuttgart 2001) soll hier zunächst eine (natürlich keine Vollständigkeit beanspruchen könnende) Sammlung der für das Fach der germanistischen Literaturwissenschaft einschlägigen Fachbücher (Einführungen, Fachmonographien, Lexika u. a. Nachschlagewerke, Literaturgeschichten usw.), Zeitschriften und Bibliographien zusammengestellt werden – gleichsam eine Leseliste nicht der literarischen Texte, die Studierende der germanistischen Literaturwissenschaft kennen sollten, sondern eine der fachwissenschaftlichen Nachschlagewerke, Monographien und Bibliographien, die erstens für jedes Studienprojekt – sei es ein (Kurz-)Referat, eine schriftliche Hausarbeit, Examensarbeit o. Ä. – unverzichtbar sind, deren Titel zweitens jede(r) Studierende gehört haben und deren Standort in der Instituts- oder Universitätsbibliothek sie bzw. er kennen sollte.

Die große (und gewiss inhomogene) Gruppe der Einführungen etwa ins Fach insgesamt, in den Umgang mit einzelnen Gattungen, in verschiedene methodologische Ansätze, der Lexika, Literaturgeschichten und Zeitschriften ist im Folgenden in kleinere Abschnitte unterteilt, innerhalb derer die verzeichneten Titel meist nach chronologischen Gesichtspunkten angeordnet sind (entsprechend dem Ersterscheinungsdatum, bei gründlichen Überarbeitungen entsprechend dem Jahr der entsprechenden Auflage). Diese Chronologie kann erstens durchaus noch Fehler oder Ungenauigkeiten aufweisen, wird zweitens zuweilen unterbrochen zugunsten einer direkten Abfolge zweier (oder mehrerer) Bände, die sich aufeinander beziehen, deren zweiter etwa die Fortführung des ersten sein kann. Die weitgehend chronologische Ordnung der Einträge innerhalb einer Abteilung ermöglicht auf jeden Fall den schnellen Zugriff auf die jüngsten literaturwissenschaftlichen Fachbücher.

Die kleinere Gruppe der unterschiedlichen Bibliographien der germanistischen Literaturwissenschaft ist in ihren Unterabteilungen entweder wiederum chronologisch sortiert oder aber, bei den Personalbibliographien, alphabetisch entsprechend den Autorinnen- und Autorennamen, auf die die Werke sich beziehen.

Ein Teil der Einträge in den jeweiligen Abteilungen ist kommentiert – allerdings nur die wichtigsten, gleichsam »kanonischen« Werke der germanistischen Literaturwissenschaft (es ist völlig selbstverständlich, dass diese Zuordnung zum »Wichtigsten« und »Kanonischen« natürlich einerseits Resultat eines subjektiven Entscheidungsprozesses ist, andererseits einer immer individuellen Unterrichts- und Beratungspraxis entspringt). Die Kommentare zu einzelnen Einführungen, Literaturgeschichten oder auch Bibliographien sollen ganz knapp Einblick in den Gegenstand des entsprechenden Bandes liefern, darüber hinaus aber auch gegebenenfalls Hinweise auf Nutzbarkeit oder Angemessenheit an bestimmte Studienstufen geben.

Das abschließende Kapitel des Bandes will, ausgehend von einem ganz konkreten Arbeitsauftrag innerhalb eines literaturwissenschaftlichen Seminars, die Praxis des bibliographischen Handwerks vorführen. Dabei werden einerseits die unverzichtbaren (periodisch erscheinenden) Fachbibliographien im Hinblick sowohl auf ihren inneren Aufbau wie auch auf die Struktur der einzelnen Einträge näher erläutert; andererseits aber werden die fundamentalen Arbeitsschritte, die von der ersten Notiz eines Literaturhinweises bis hin zur fertigen Arbeitsbibliographie für eine schriftliche Hausarbeit führen, im Einzelnen vorgeführt.

Die hier versammelten Hinweise und Ratschläge gehen zurück auf meine semesterweise angebotenen Übungen zu den »Arbeitstechniken des literaturwissenschaftlichen Studiums« und auf vielfältige Erfahrungen in anderen Lehrveranstaltungen und vor allem Sprechstunden. Allen Studierenden gilt hiermit mein Dank für Fragen, Anregungen, für die Bereitschaft zur Mitarbeit und für konstruktive Kritik.

Einführung
Vom Sinn und Ziel des Bibliographierens

Neben der intensiven Erarbeitung der literarischen Texte, mit denen man sich im Laufe seines Studiums befasst, spielt die Beschaffung von Hintergrundinformationen zu Autor und Text, zu seinem Gesamtwerk, zur literarischen Gattung oder zur literaturgeschichtlichen Epoche oder auch zu unterschiedlichen methodologischen Konzepten literaturwissenschaftlichen Arbeitens eine fundamentale Rolle. Darüber hinaus ist natürlich eine gründliche Erfassung der Forschungsliteratur zu einem literarischen Text völlig unverzichtbar, eine extensive Erfassung ebendieser Forschungsliteratur, aus der – auf dem Wege zu einer Arbeitsbibliographie derjenigen Forschungstexte, die wirklich in die eigene Seminar- oder Examensarbeit oder in die Referats- oder Prüfungsvorbereitung mit einbezogen werden sollen – eine rigide Auswahl getroffen werden muss.

Zum Status dieser Hintergrund- und bibliographischen Recherche im Verlauf eines wissenschaftlichen Studienprojekts zunächst eine grundsätzliche Klarstellung: Die Erarbeitung von Forschungsliteratur macht erst *nach* der Erarbeitung des Primärtextes Sinn, diese Letztere muss immer den Ausgangspunkt der Arbeit darstellen. Zu frühzeitige Beschäftigung mit der Sekundärliteratur behindert einerseits die Textwahrnehmung (bei der Primärtextlektüre), wäre andererseits völlig unstrukturiert, da erst der erarbeitete Primärtext die Fragen zu stellen ermöglicht, unter deren Blickwinkel dann die Forschungsliteratur gelesen werden kann.

Gleichwohl muss hier die grundsätzliche Notwendigkeit betont werden, die intensive eigene Texterarbeitung, in der auf der Basis von Textbeschreibung und Textanalyse eine erste begründete Verständnishypothese zu Text oder Textausschnitt, zu Figur oder Figurenkonstellation, zu Bildsprache oder Stillage (oder wie immer die genaue Fragestellung des Studienprojektes lautet) formuliert wird, in den intensiven Dialog mit der Forschung zu bringen. Alle Studienprojekte des literaturwissenschaftlichen Studiums sind zu messen an der Qualität dieser beiden Bestandteile: dem begründeten analytisch-verstehenden Zugang zum literarischen Text und dem ebenso begründeten, die Einzelargumente abwägenden und in der Diskussion plausibilisierenden Dialog mit der Forschung.

Vor der intensiven Erarbeitung des literarischen Gegenstands eines Studienprojektes allerdings steht sinnvoller Weise die Beschaffung von Hintergrundinformation einerseits, die extensive Bibliographie der Forschungsliteratur andererseits. Das Bibliographieren ist in diesem Stadium zunächst nur das Sichten *möglicher* Sekundärliteratur zu einem Text, einem Thema – die Erarbeitung ausgewählter Forschungsbeiträge folgt dann der intensiven und strukturierten, schon in Textbeschreibung bzw. -analyse *und* Arbeitshypothese mündenden Primärtextarbeit.[*] Wenn man *bibliographiert* hat, hat man noch lange nicht *gelesen* – und nach der Bibliographierarbeit sollte auch die Forschungsliteratur noch nicht gelesen werden, möglicherweise hat man die Texte noch gar nicht besorgt, gekauft, entliehen oder kopiert. Ergebnis des Bibliographierens ist

---

[*] Zur intensiven Erarbeitung des literarischen Gegenstandes einer schriftlichen Hausarbeit, eines Referats, für Prüfung oder Examensarbeit vgl. etwa die ausführlichen Hinweise in: Benedikt Jeßing, *Arbeitstechniken des literaturwissenschaftlichen Studiums*, Stuttgart 2001, S. 48–70.

zunächst eine meist umfängliche Liste von möglichen Texten zum Thema, oder genauer: eine Liste von Texten, aus deren Titel man sich Informationen, analytische Studien, Interpretationsvorschläge o. Ä. zum Text oder Thema verspricht. – Diese Liste lässt sich allerdings auswerten und erzeugt damit im Hinblick auf die strukturiertere Lektüre des Primärtextes möglicherweise schon bestimmte Lesevoraussetzungen im Kopf, indem einige Titel etwa die Aufmerksamkeit auf ein bestimmtes Motiv, eine Figur, eine Darstellungsweise im Text lenken können.

Die Suche nach Angaben zur Forschungsliteratur zu einem bestimmten Thema ist längst nicht erschöpft mit dem bloßen Blick in Datenbanken und Fachbibliographien – dieser erfolgt ganz zum Schluss. Darum ist das Bibliographieren auch nicht eine so ganz einfache Aufgabe und schon gar nicht allein mit einem PC zu erledigen. Literaturwissenschaftliches Bibliographieren wird in der Regel zunächst mit sehr traditionellem Handwerkszeug gemacht: Mit Bleistift und Notizzetteln, mit Hilfe derer aus den unterschiedlichsten Nachschlagewerken, Literaturgeschichten, Fachmonographien *und* verschiedenen Fachbibliographien eine größere Fülle unterschiedlicher Informationen herausgeschrieben wird. Erst daraufhin werden die erarbeiteten Angaben im Computer ins Reine geschrieben, sortiert und ausgewertet.

Die Hinweise des folgenden bücherkundlichen Teils dieses Bandes zur germanistischen Literaturwissenschaft beziehen sich im ersten Teil auf *nicht speziell bibliographische* Nachschlagewerke, Handbücher und Fachmonographien. Diese dienen dazu, zunächst Informationen zusammenzutragen zu Autor oder Gattung, Werk und Epoche, über die möglicherweise der Zugang zu einschlägiger und weiterführender Forschungsliteratur gewonnen werden kann. Darüber hinaus aber liefern auch diese literaturwissenschaftlichen Werke Angaben zur Forschungsliteratur, die gegebenenfalls zu exzerpieren sind.

Die Ergebnisse der intensiven Recherche nach Hintergrundinformationen und die bibliographischen Notizen sollten, auch wenn sie möglicherweise und zum Teil in einem Arbeitsschritt gewonnen werden, auf dem Rechner in zwei voneinander getrennten Dateien abgelegt werden. Während der Recherche in der Instituts- oder Universitätsbibliothek werden die aufgefundenen Hinweise, Informationen und Angaben, wie schon angedeutet, handschriftlich notiert; eine bestimmte und strenge Ordnung ist nicht notwendig, wichtiger ist allerdings umso mehr, bei jeder ausgeschriebenen Notiz Quelle und genauen Ort anzugeben, denn diese Angaben sind später für den Nachweis der Quelle unabdingbar. Diese handschriftlichen Notizen können dann später in die beiden oben eingerichteten Dateien übertragen werden.

Literaturwissenschaftliche Bücherkunde
Eine kommentierte Liste

1. Einführungen, Fachmonographien, Lexika, Literaturgeschichten

a) Arbeitstechniken, Bibliotheksnutzung, Internetrecherche

Die folgenden Titel führen die Studierenden der germanistischen Literaturwissenschaft (auch solche, die sich am Beginn ihres Studiums befinden) in graduell unterschiedlicher Weise in die Arbeitstechniken des Studiums ein – von der Studienorganisation und der schriftlichen Nacharbeitung von Lehrveranstaltungen bis hin zur Abfassung größerer Haus- oder Examensarbeiten. Grundsätzlich soll hier keine spezielle Empfehlung gegeben werden – alle Bücher geben lediglich Hinweise und Ratschläge, mit Hilfe derer jede Studentin bzw. jeder Student sich im Laufe des Studiums die den jeweiligen Arbeitsbedingungen, Lerneinstellungen und -voraussetzungen angemessenste *eigene* Arbeitstechnik entwickelt. Patentrezepte gibt es nicht, nur Verfahrensvorschläge! – Die Ratgeber, auf die abschließend verwiesen wird, erschließen die beiden wichtigsten *medialen* Welten, auf die jede Recherche nach literaturwissenschaftlichen Informationen verwiesen ist: die Bibliothek und das Internet.

Eco, Umberto: Wie man eine wissenschaftliche Abschluß-
arbeit schreibt. Doktor-, Diplom- und Magisterarbeit in
den Geistes- und Sozialwissenschaften. [1988.] Heidelberg ⁹2002.

Poenicke, Klaus: Wie verfaßt man wissenschaftliche Arbeiten? Ein Leitfaden vom ersten Studiensemester bis
zur Promotion. 2., neubearb. Aufl. Mannheim 1988.

Bangen, Georg: Die schriftliche Form germanistischer Arbeiten. Empfehlungen für die Anlage und die äußere
Gestaltung wissenschaftlicher Manuskripte unter besonderer Berücksichtigung der Titelangaben von
Schrifttum. 9., durchges. Aufl. Stuttgart 1990. (Sammlung Metzler. 13.)

Hülshoff, Friedhelm / Kaldewey, Rüdiger: Mit Erfolg
studieren: Studienorganisation und Arbeitstechniken.
3., neubearb. Aufl. München 1993.

Faulstich, Werner / Ludwig, Hans Werner: Arbeitstechniken für Studenten der Literaturwissenschaft. Tübingen
⁴1993.

Kruse, Otto: Keine Angst vor dem leeren Blatt. Ohne
Schreibblockaden durchs Studium. 4., erw. Aufl. Frankfurt a. M. 1995.

Standop, Ewald: Die Form der wissenschaftlichen Arbeit.
14. Aufl., vollst. neu bearb. und erw. von Matthias L. G.
Meyer. Heidelberg/Wiesbaden 1994. (UTB 272.)

Bünting, Karl-Dieter / Bitterlich, Axel / Pospiech, Ulrike:
Schreiben im Studium. Ein Trainingsprogramm. Berlin
1996.

Kammer, Manfred: Bit um Bit. Wissenschaftliche Arbeiten
mit dem PC. Stuttgart/Weimar 1997. (Sammlung Metzler. 300.)

Göttert, Karl-Heinz: Kleine Schreibschule für Studierende. München 1999. (UTB 2068.)

Rathmann, Thomas (Hrsg.): Texte, Wissen, Qualifikatio-
nen. Ein Wegweiser für Germanisten. Berlin 2000.

Moennighoff, Burkhard / Meyer-Krentler, Eckhardt: Arbeitstechniken Literaturwissenschaft. 9., vollst. überarb. und aktual. Aufl. München 2001. (UTB 1582.)

Jeßing, Benedikt: Arbeitstechniken des literaturwissenschaftlichen Studiums. Stuttgart 2001. (Reclams Universal-Bibliothek. 17631.)

Koschorreck, Michael / Suppanz, Frank: Geisteswissenschaften studieren mit dem Computer. Eine praxisorientierte Einführung. Stuttgart 2003. (Reclams Universal-Bibliothek. 17644.)

*

Grund, Uwe / Heinen, Armin: Wie benutze ich eine Bibliothek? Basiswissen – Strategien – Hilfsmittel. 2., überarb. Aufl. München 1996. (UTB 1834.)

Jochum, Uwe: Kleine Bibliotheksgeschichte. 2., durchges. und bibliogr. erg. Aufl. Stuttgart 1999. (Reclams Universal-Bibliothek. 8915.)

*

Gschwender, Oliver: Internet für Philologen. Eine Einführung in das Netz der Netze. Berlin 1999.

Schönherr, Hartmut / Tiedemann, Paul: Internet für Germanisten. Eine praxisorientierte Einführung. Darmstadt 1999.

Simon-Ritz, Frank (Hrsg.): Germanistik im Internet. Eine Orientierungshilfe. Berlin 1998.

Baasner, Rainer / Koebe, Kristina: wozu. was. wie. Literaturrecherche und Internet. (Tools fürs Literaturstudium). Stuttgart 2000. (CD-ROM.)

www.uni-duesseldorf.de/ulb/virtbibl.html
www.berlinerzimmer.de
www.carpe.com
www.biblint.de

b) Einführungen in die Literaturwissenschaft

Beim Beginn eines Studiums der Germanistik wird den Studierenden im Normalfall einer der gängigen und modernen literaturwissenschaftlichen Grundkurse empfohlen bzw. zur Klausurvorbereitung verordnet. Entweder in systematisch strukturiertem oder aber problemorientiertem Zugang zum Fach wird jeweils das verbindliche Basiswissen der germanistischen Literaturwissenschaft aufgearbeitet – allerdings durchaus zuweilen in Gestus und Terminologie weit über die Möglichkeiten von Studienanfänger(inne)n hinausgehend.

Brandt, Rüdiger: Kleine Einführung in die mittelalterliche Poetik und Rhetorik. Mit Beispielen aus der deutschen Literatur des 11. bis 16. Jahrhunderts. Göppingen 1986.

Bein, Thomas: Germanistische Mediävistik. Eine Einführung. Berlin 1998. (Grundlagen der Germanistik. 35.)
Der Band führt anhand einer Reihe von Beispielen in literarhistorische wie gattungspoetologische Fragestellungen der germanistischen Mediävistik ein und präsentiert die kanonischen Autoren und Werke der mittelalterlichen Literatur. Hilfreich die kommentierte Liste mediävistischer Wörterbücher, Grammatiken und Nachschlagewerke.

Goetz, Hans-Werner: Moderne Mediävistik. Stand und Perspektiven der Mittelalterforschung. Darmstadt 1999.
Avancierte geschichtswissenschaftliche Zusammenschau des aktuellen Diskussionsstandes der Mediävistik mit einer Fülle von Anschlussmöglichkeiten verschiedener mediävistischer Kulturwissenschaften.

Heinzle, Joachim: Modernes Mittelalter. Neue Bilder einer populären Epoche. Frankfurt a. M. 1999.

Brandt, Rüdiger: Grundkurs germanistische Mediävistik / Literaturwissenschaft. Studienbücher, Literatur und Medien. München 1999. (UTB 2071.)

Der Band arbeitet den Gegenstandsbereich der Mediävistik gleichermaßen in gattungsgeschichtlicher (Epik, Lyrik, spätma. Prosa), systematischer (Sozial-, Medien- und Sprachgeschichte, Autorbegriff, Kosmologie, Mündlichkeit und Schriftlichkeit u. a.) sowie methodologischer Hinsicht auf. Unterschiedliche Methoden werden am Beispiel vorgeführt, in Inhaltsskizzen wird ein materialreiches Textcorpus präsentiert.

Honemann, Volker / Tomasek, Tomas (Hrsg.): Germanistische Mediävistik. Münster ²2000. (Münsteraner Einführungen: Germanistik. 4.)
Einführung in ein breites Spektrum literarischer Gattungen der deutschen Literatur zwischen etwa 800 und 1500 (geistliche Dichtung, höfische Epik, Minnelied, spätma. Erzählprosa) sowie in systematische Fragestellungen des Faches (Editionsphilologie, Bedeutungskunde, Gattungspoetologie u. a. m.). Hilfreiche Register machen den Band gut nutzbar.

Weddige, Hilkert: Einführung in die germanistische Mediävistik. München ⁴2001.
Eine empfehlenswerte Einführung in den Gegenstandsbereich des Faches, die ebenso in die mediävistische Handschriften- und mittelalterliche Bedeutungskunde, in Metrik und Rhetorik sowie in die Grundzüge der mittelalterlichen Bildungsinstitutionen wie Klosterschulen und Universitäten einführt. Der Band führt in die Sozialgeschichte der Feudalgesellschaft und in Literatur- bzw. Gattungsgeschichte der mittelalterlichen Literatur ein (Artusroman, Minnesang).

Weddige, Hilkert: Mittelhochdeutsch. Eine Einführung. 4., durchges. Aufl. München 2001.
Verständlich geschriebenes »Standardwerk« mediävistischer Propädeutik. Konzentrierte Einführung in Lautgeschichte, Morphologie, Syntax und Semantik des Mittelhochdeutschen.

*

Ingarden, Roman: Das literarische Kunstwerk. Mit einem Anhang: Von den Funktionen der Sprache im Theaterschauspiel. [1931.] Tübingen ⁴1972.

Einer der »Klassiker« der literaturwissenschaftlichen Einführungen in die komplexe Struktur literarischer Werke. Eher von methodengeschichtlichem Interesse als einer der Ausgangstexte der Rezeptionsästhetik.

Wellek, René / Warren, Austin: Theorie der Literatur. [1942.] Weinheim 1995.

Ebenfalls ein »Klassiker« der Literaturwissenschaft. Überschritt noch vor der ›Mode‹ der Textimmanenz zwischen 1950 und 1965 die strengen Grenzen des literarischen Textes etwa in Richtung gesellschaftlicher oder psychologischer Fragestellungen.

Kayser, Wolfgang: Das sprachliche Kunstwerk. Eine Einführung in die Literaturwissenschaft. [1948.] Tübingen [20]1992.

Die klassischste aller literaturwissenschaftlichen Einführungen. Trotz des Gestus strenger Textimmanenz und des teilweise altväterlichen Stils ein in vielen Bestimmungen und Darstellungen immer noch gültiger und lesenswerter Band.

Müller-Solger, Hermann (Hrsg.): Modelle der Praxis. Einführung in das Studium der Literaturwissenschaft. Tübingen 1972.

Brackert, Helmut / Lämmert, Eberhard (Hrsg.): Funk-Kolleg Literatur. 2 Bde. und 2-bänd. Reader. Frankfurt a. M. 1976–78.

Kreuzer, Helmut / Viehoff, Reinhold (Hrsg.): Literaturwissenschaft und empirische Methoden. Eine Einführung in aktuelle Projekte. Göttingen 1981. (LiLi – Zeitschrift für Literaturwissenschaft und Linguistik. Beih. 12.)

Gutzen, Dieter / Oellers, Norbert / Petersen, Jürgen H. (unter Mitarbeit von Strohmaier, Eckart): Einführung in die neuere deutsche Literaturwissenschaft: Ein Arbeitsbuch. 6. neugefasste Aufl. Berlin 1989.

Fricke, Harald: Literatur und Literaturwissenschaft. Beiträge zu Grundfragen einer verunsicherten Disziplin. Paderborn 1991.

Weimar, Klaus: Enzyklopädie der Literaturwissenschaft. Tübingen, Basel [2]1993. (UTB 1034.)

Borchmeyer, Dieter / Žmegač, Viktor (Hrsg.): Moderne Literatur in Grundbegriffen. 2., neubearb. Aufl. Tübingen 1994.

Dürscheid, Christa / Kircher, Hartmut / Sowinski, Bernhard: Germanistik. Eine Grundlegung. 2., durchges. Aufl. Köln 1995.

Pechlivanos, Miltos / Rieger, Stefan / Struck, Wolfgang / Weitz, Michael (Hrsg.): Einführung in die Literaturwissenschaft. Stuttgart/Weimar 1995.
Ein avanciertes, weniger für Anfänger(innen) als vielmehr zum Selbststudium im weiteren Verlauf des Studiums geeignetes Buch.

Schulte-Sasse, Jochen / Werner, Renate: Einführung in die Literaturwissenschaft. München [9]1997. (UTB 640.)

Link, Jürgen: Literaturwissenschaftliche Grundbegriffe. Eine programmierte Einführung auf strukturalistischer Basis. München [6]1997. (UTB 305.)

Koch, Hans-Albrecht: Neuere deutsche Literaturwissenschaft. Eine praxisorientierte Einführung für Anfänger. Darmstadt 1997.
Vermittelt auf anspruchsvollem Niveau sowohl Arbeitstechniken der Literaturwissenschaft (Bibliotheksbenutzung, Bibliographieren usw.) als auch Grundkenntnisse in den verschiedenen Teilbereichen des Faches: Editionsphilologie und Rhetorik, Gattungspoetik und literaturwissenschaftliche Methodologie; berufspraktische Hinweise enthält ein Kapitel über das Verlagswesen.

Arnold, Heinz Ludwig / Detering, Heinrich (Hrsg.): Grundzüge der Literaturwissenschaft. München [3]1999.

Renner, Ursula / Bosse, Heinrich (Hrsg.): Literaturwissenschaft – Einführung in ein Sprachspiel. Freiburg 1999.
Ein Sammelband unterschiedlicher Beiträge – eher zur vertiefenden Arbeit im weiteren Verlauf des Studiums anzuraten: Diskutiert werden u. a. die Voraussetzungen des Lesens, die

spezifisch literarischen sprachlichen Operationen, dichterische Strategien der Strukturierung von Texten und kompositionelle Versatzstücke der Literatur in Text- und Bildmedien.

Schnell, Ralf: Orientierung Germanistik. Was sie kann, was sie will. Reinbek bei Hamburg 2000.
Ratgeber vor allem für Studierwillige und Studienanfänger(innen). Der Band führt die Geschichte sowie die Teilbereiche des Faches vor Augen, gibt Hinweise sowohl zur Studienorganisation als auch zum Umgang mit literarischen Texten. Auch Methoden-Schulen bzw. -Moden und Berufsperspektiven werden einführend behandelt.

Schneider, Jost: Einführung in die moderne Literaturwissenschaft. 3. aktual. Aufl. Bielefeld 2001.
Ein knapper, aber sehr verständlich erzählter Grundkurs Literaturwissenschaft, der sowohl in allgemeine Analysekategorien literarischer Texte und in Gattungspoetik als auch in die wichtigen gegenwärtigen literaturtheoretischen Konzepte einführt.

Zymner, Rüdiger (Hrsg.): Allgemeine Literaturwissenschaft. Grundfragen einer besonderen Disziplin. 2., durchges. Aufl. Berlin 2001.
Beiträge verschiedener Autoren beantworten Fragen wie die nach der Entstehung der Literatur, ihren Erkennungsmerkmalen, unterschiedlichen Wirkungskonzepten und möglichen Ordnungskategorien wie Epochen- und Gattungsbegriffe.

Brackert, Helmut / Stückrath, Jörn (Hrsg.): Literaturwissenschaft. Ein Grundkurs. Reinbek 2001.
Eine Einführung in den aktuellen Stand der Literaturwissenschaft: In Beiträgen verschiedener Autoren werden Literaturbegriff, Analysemethoden, Gattungspoetik, Methodologie und literarische Medien grundlegend erläutert.

Vogt, Jochen: Einladung zur Literaturwissenschaft. 2., durchges. und aktual. Aufl. München 2001. (UTB 2072.)
Eine verständlich geschriebene und lustmachende Einführung in die zentralen Themenbereiche der Literaturwissenschaft; ideal zur weitergehenden Vertiefung auch aufgrund des Online-»Vertiefungsprogramms zum Selbststudium«: www.uni-essen.de/literaturwissenschaft-aktiv/einladung.htm.

Luserke-Jaqui, Matthias: Einführung in die Neuere deutsche Literaturwissenschaft. Göttingen 2002. (UTB 2309.)
Besonders auf Studienanfänger(innen) ausgerichtete Einführung, die neben den wichtigsten Informationen zum Fach Hinweise zu studentischen Arbeitstechniken und den Vorschlag zu einer Leseliste zur Primärliteratur enthält.

c) Gesamtdarstellungen des Faches

Im Unterschied zu den Einführungen in die germanistische Literaturwissenschaft sind im Folgenden die beiden mittlerweile historischen Gesamtdarstellungen der Germanistik aufgeführt; eine aktuellere Zusammenschau des Faches existiert nicht – sie ist aufgrund der ungeheuren Ausweitung und Differenzierung germanistischer respektive literaturwissenschaftlicher Fragestellungen möglicherweise gar nicht mehr denkbar.

Grundriß der germanischen Philologie. Begr. von Hermann Paul. 3., völlig neu bearb. Aufl. Straßburg, [später:] Berlin 1911 ff.
Literaturwissenschaftliche Gegenstände stehen nicht im Vordergrund des weitgehend nur noch forschungsgeschichtlich interessanten, mit 20 Bänden in zahlreichen Teilbänden sehr voluminösen Grundwerkes älterer Germanistik. Für die Neuere Deutsche Literaturwissenschaft können folgende Bände von Interesse sein:
Bd. 8: Heusler, Andreas: Deutsche Versgeschichte. 3 Bde. 1925–29.
Bd. 13: Markwardt, Bruno: Geschichte der deutschen Poetik. 5 Bde. 1937–66.
Bd. 14: Beißner, Friedrich: Geschichte der deutschen Elegie. [3]1965.

Stammler, Wolfgang (Hrsg.): Deutsche Philologie im Aufriß. 3 Bde. und Reg.-Bd. Berlin [2]1957–62, 1969.
Auch dieses ältere »Standardwerk« der gesamten Germanistik ist weitgehend nur noch von forschungs- oder fachgeschichtli-

chem Interesse – die Summe der Germanistik der fünfziger Jahre. Literaturwissenschaftliche Gegenstände werden in der Abteilung III aufgearbeitet:

III,A: Literaturgeschichte in Querschnitten.

III,B: Ausländische Einflüsse.

III,C: Sprachkunst in Wirkung und Austausch.

III,D: Der Dichter hat das Wort.

d) Einführungen in die Interpretation

Neben der großen Zahl an Grundkursen und Einführungen in die Literaturwissenschaft existiert eine Reihe von Anleitungen speziell in den analytischen Umgang mit literarischen Texten. Dabei muss unterschieden werden einerseits zwischen den allgemeinen Einführungen in die Gattungspoetik oder die Literaturinterpretation insgesamt und andererseits den genau auf die Analyse einer *bestimmten* literarischen Gattung hinzielenden Werken. Darüber hinaus werden hier auch diejenigen Titel aufgeführt, die sich der genaueren Bestimmung rhetorischer und stilistischer Merkmale bzw. Verfahrensweisen literarischer Texte widmen.

Braak, Ivo: Poetik in Stichworten. Literaturwissenschaftliche Grundbegriffe. Eine Einführung. [1964.] 8., überarb. und erw. Aufl. Stuttgart 2001.
Standard- und Nachschlagewerk der allgemeinen (Gattungs-)Poetik. Die Leitbegriffe des Bandes (»Gesamtbezeichnungen«, »Stilform«, »Schallform« und »Gattungsform«) erscheinen zwar etwas antiquiert, als Einführung in die Poetik aber nach wie vor gut brauchbar.

Schutte, Jürgen: Einführung in die Literaturinterpretation. 4., aktual. Aufl. Stuttgart/Weimar 1997. (Sammlung Metzler. 217.)
In einer sehr klaren, von einem komplexen Modell literarischer Kommunikation ausgehenden Darstellung erläutert der Band

die schrittweise Annäherung an die wissenschaftliche Deutung literarischer Texte: Textbeschreibung, Textanalyse und Textinterpretation werden methodisch sehr genau und unter den Aspekten von Produktionsästhetik, Strukturanalyse und Rezeptionsästhetik vorgeführt. Auch für Studienanfänger(innen) dringend zu empfehlen!

Strelka, Joseph P.: Einführung in die literarische Textanalyse. 2., durchges. Aufl. Tübingen 1998. (UTB 1508.)

Fricke, Harald / Zymner, Rüdiger: Einübung in die Literaturwissenschaft. Parodieren geht über Studieren. 4., korrig. Aufl. Paderborn 2000. (UTB 1616.)

Rhetorische und Gattungsanalyse einmal anders: Der Band stellt nicht nur die leitenden Kategorien der literaturwissenschaftlichen Analyse vor, sondern gibt Anleitung der parodierenden Aneignung der stilistischen und gattungstypischen Gestaltungsmerkmale.

Andreotti, Mario: Die Struktur der modernen Literatur. Neue Wege in der Textanalyse. 3., vollst. überarb. und erw. Aufl. Bern 2000. (UTB 1127.)

Nach der genaueren Bestimmung der »modernen« Literatur gibt der Band eine kleinschrittige und methodisch aufgebaute Anleitung zum analytischen Umgang mit erzählenden und lyrischen Texten. Besonders nützlich: im Anhang ein Glossar mit Definitionen der wichtigsten analytischen Fachbegriffe.

Eicher, Thomas / Wiemann, Volker: Arbeitsbuch: Literaturwissenschaft. 3., vollst. bearb. Aufl. Paderborn 2001. (UTB 8124.)

Eine Mischung aus Grundkurs Literaturwissenschaft und Analyse-Einführung: Neben Überlegungen zum Literaturbegriff stellt der Band vornehmlich Methoden für eine Analyse von lyrischen, epischen und dramatischen Texten vor und diskutiert das Problem der Interpretation sowie methodologische Interpretationsansätze.

e) Stilistik, Rhetorik

Asmuth, Bernhard / Berg-Ehlers, Luise: Stilistik. Opladen ³1978.

Sowinski, Bernhard: Deutsche Stilistik. Beobachtungen zur Sprachverwendung und Sprachgestaltung im Deutschen. Frankfurt a. M. ⁶1988.

Thieberger, Richard: Stilkunde. Bern 1988.

Behrmann, Alfred: Was ist Stil? Zehn Unterhaltungen über Kunst und Konvention. Stuttgart/Weimar 1992.

Sowinski, Bernhard: Stilistik. Stiltheorien und Stilanalysen. 2., überarb. und aktual. Aufl. Stuttgart/Weimar 1999. (Sammlung Metzler. 272.)

*

Ueding, Gert: Einführung in die Rhetorik. Geschichte, Technik, Methode. Stuttgart 1976.

Neubarb. siehe unter dem Titel *Grundriß der Rhetorik*.

Lausberg, Heinrich: Handbuch der literarischen Rhetorik. Eine Grundlegung der Literaturwissenschaft. 2 Bde. Stuttgart ³1990.

Das umfassendste und empfehlenswerteste Standardwerk der literarischen Rhetorik. Übersichtlich präsentiert der Band die gesamte für die Literaturwissenschaft einschlägige Rhetorik mit vielen Verweisen auf Beispiele und Autoren der klassischen Rhetorik. Ein großes Begriffsregister hilft bei der Nutzung der Bände.

Lausberg, Heinrich: Elemente der literarischen Rhetorik. Eine Einführung für Studierende der klassischen, romanischen, englischen und deutschen Philologie. Ismaning ¹⁰1990.

Für den Studiengebrauch das Wichtigste aus dem Handbuch der literarischen Rhetorik zusammengefasst (erstmals schon 1949).

Ueding, Gert (Hrsg.): Historisches Wörterbuch der Rhetorik. Tübingen 1992 ff.

Ueding, Gert / Steinbrink, Bernd: Grundriß der Rhetorik. Geschichte, Technik, Methode. Stuttgart ³1994.
Systematische und nahezu erschöpfende Darstellung des Systems der Rhetorik. Sowohl die Geschichte der Disziplin als auch die verschiedenen Verfertigungsphasen der Rede (resp. des Textes), die Topik und die Figurenlehre werden in verständlicher Weise präsentiert.

Ueding, Gert: Klassische Rhetorik. München ²1996.

Ueding, Gert: Rhetorik des Schreibens. Weinheim ⁴1996.

Ottmers, Clemens: Rhetorik. Stuttgart/Weimar 1996. (Sammlung Metzler. 283.)
Eine auch praxisorientierte Einführung in die Rhetorik. Verfahren und Möglichkeiten rhetorischen Sprechens und Schreibens werden vorgestellt; im zweiten Teil des Bandes eine kurze Geschichte der Rhetorik zwischen Antike und gegenwärtiger Forschungsdiskussion.

Göttert, Karl-Heinz: Einführung in die Rhetorik. Grundbegriffe, Geschichte, Rezeption. München ³1998. (UTB 1599.)
Systematische wie verständliche Einführung in die Grundbegriffe der Rhetorik sowie die Geschichte der Rhetorik von der Antike bis zur Gegenwart – inklusive des derzeitigen Diskussionsstandes in der Rhetorikforschung. Gut nutzbare Begriffs- und Literaturregister.

Ueding, Gert: Moderne Rhetorik. Von der Aufklärung bis zur Gegenwart. München 2000.

Knape, Joachim: Allgemeine Rhetorik. Stationen der Theoriegeschichte. Stuttgart 2000. (Reclams Universal-Bibliothek. 18045.)
Eine Einführung in die theoretischen Konzepte der Rhetorik von der Antike bis zur Gegenwart. Der Band erschließt die wesentlichen historischen Quellen der Rhetorik in Antike, Mittelalter, Renaissance, Aufklärung und Gegenwart.

f) Einführungen in den Umgang
mit einzelnen Gattungen

Lyrik, Verskunde

Kayser, Wolfgang: Kleine deutsche Versschule. Tübingen
²⁶1999.

> Mittlerweile historisches Standardwerk der Metrik (erstmals
> 1946). Der kleine Band vermittelt allerdings, immer noch emp-
> fehlenswert, einen ersten praktischen Zugang zur Erkennung
> und analytischen Beschreibung der gebräuchlichsten Vers- und
> Strophenformen.

Kayser, Wolfgang: Geschichte des deutschen Verses. Zehn
Vorlesungen für Hörer aller Fakultäten. Tübingen
⁴1991.

> Ebenfalls ein »Klassiker« der Verskunde (erstmals 1960). Lite-
> rarhistorisch orientiert liefert der Band einen Überblick über
> die Versformen zwischen dem 16. Jahrhundert und der Roman-
> tik, der Vers im 19. und 20. Jahrhundert wird in einem abschlie-
> ßenden »Ausblick« verhandelt.

Killy, Walther: Elemente der Lyrik. München ²1972.

Knörrich, Otto: Lyrik. Formen und Elemente. München
1975.

Asmuth, Bernhard: Aspekte der Lyrik. Mit einer Einführung in die Verslehre. 7., erg. Aufl. Wiesbaden 1984.

Behrmann, Alfred: Einführung in den neueren deutschen
Vers. Von Luther bis zur Gegenwart. Eine Vorlesung.
Stuttgart 1989.

Frank, Horst J.: Wie interpretiere ich ein Gedicht. Eine
methodische Anleitung. Tübingen 1991. ⁵2000. (UTB
1639.)

> In Frageform nähert sich der Band allen Ebenen des Gedichtes:
> Metrik, Wortwahl, klangliche Aspekte, Bildlichkeit u. v. m. wer-
> den als Beschreibungsebenen lyrischer Texte systematisch erar-
> beitet und an Beispielen erläutert.

Knörrich, Otto: Lexikon lyrischer Formen. Stuttgart
1992.

Frank, Horst J.: Handbuch der deutschen Strophenformen. 2., durchges. Aufl. Tübingen 1993. (UTB 1732.)
Grundlegendes Nachschlagewerk zu den rund dreihundert gebräuchlichsten Strophenformen der deutschsprachigen Lyrik vom 16. Jahrhundert bis zur Gegenwart auf der Materialbasis von nahezu 34 000 Gedichten. Der Band präsentiert jede Strophenform in ihrem metrischen Schema und in Beispielen, Gebräuchlichkeit bzw. literarhistorische Häufigkeit werden jeweils in Übersichten dargestellt.

Ludwig, Hans Werner: Arbeitsbuch Lyrikanalyse. Tübingen [4]1994.

Burdorf, Dieter: Einführung in die Gedichtanalyse. 2., überarb. und aktual. Aufl. Stuttgart/Weimar 1997.
In durchweg empfehlenswerter Weise führt der Band in die Formen und Gestaltungsmerkmale älterer und moderner Lyrik ein und vermittelt die Grundlagen von Lyrikanalyse, Geschichte der Gattung und aktueller Forschungsdiskussion.

Breuer, Dieter: Deutsche Metrik und Versgeschichte. München [4]1999. (UTB 745.)

Wagenknecht, Christian: Deutsche Metrik. Eine historische Einführung. 4., durchges. Aufl. München 1999.
Das moderne Standardwerk der Metrik und Versanalyse. Nach einer systematischen Einführung in die Grundbegriffe der Metrik liefert der Band eine historische Übersicht über die Versformen und metrischen Systeme der gesamten neueren deutschen Literatur (ausgehend von Meistersang, Knittelvers u. a. im 16. Jahrhundert). Ein ausgezeichnet nutzbares Glossar mit vielen Definitionen und Beispielen schließt den Band ab.

Sorg, Bernhard: Lyrik interpretieren. Eine Einführung. Berlin 1999.
Zunächst eine gründliche Einführung in Terminologie und Verfahren der Lyrikanalyse. Im zweiten Teil liefert der Band mit einer Reihe von Einzelinterpretation lyrischer Texte zwischen Barocklyrik und konkreter Poesie sowohl Beispiele konkreter Anwendungen der zuvor vorgestellten Analyse-Instrumente als auch eine an den Beispieltexten anschaulich werdende Geschichte der Gattung.

Drama

Greiner, Norbert / Hasler, Jörg / Kurzenberger, Hajo / Pikulik, Lothar: Einführung ins Drama. Handlung, Figur, Szene, Zuschauer. 2 Bde. München/Wien 1982.

Asmuth, Bernhard: Einführung in die Dramenanalyse. 5., aktual. Aufl. Stuttgart/Weimar 1997.

Gut verständliches Standardwerk der Dramenanalyse. Neben einer großen Zahl von terminologischen Erläuterungen und ausführlichen Darstellungen zur Geschichte der Dramentheorie enthält der Band eine beispielhafte Analyse von Lessings *Emilia Galotti*, die das zunächst theoretisch präsentierte Instrumentarium systematisch in Anwendung bringt.

Platz-Waury, Elke: Drama und Theater. Eine Einführung. 5., vollst. überarb. und erw. Neuaufl. Tübingen 1999.

Zeichen- und medientheoretisch fundierte Einführung in die Dramenanalyse und den derzeitigen Stand der Forschung. An konkreten Textbeispielen kanonischer dramatischer Literatur werden die Kernbegriffe der Dramenanalyse (dramatische Figur, Handlung, Sprache u. a.) sowie Gattungen und Theaterkonzeptionen erläutert (Tragödie, Komödie, absurdes und episches Theater).

Pfister, Manfred: Das Drama. Theorie und Analyse. 11., erw. und aktual. Aufl. München 2001.

Neben Asmuths Band das Standardwerk der Dramenanalyse. In großer terminologischer und systematischer Differenzierung – und deswegen zuweilen schwieriger zu lesen bzw. zu benutzen als Asmuth – präsentiert Pfister das gesamte Instrumentarium für die Analyse dramatischer Texte auf der Basis eines kommunikationstheoretischen Literaturverständnisses.

Erzählende Prosa

Behrmann, Alfred: Einführung in die Analyse von Prosatexten. 5., neu bearb. und erw. Aufl. Stuttgart 1982. (Sammlung Metzler. 59.)

Lämmert, Eberhard: Bauformen des Erzählens. Nachdr. der 8. Aufl. Stuttgart 1983.

Mit Stanzels *Typischen Formen des Romans* ein älteres, aber immer noch höchst empfehlenswertes Standardwerk der Erzählanalyse. Hauptgewicht des Bandes liegt auf den Zeitbezügen erzählerischer Texte und den narrativen Techniken der Zeitgestaltung sowie der Figurenrede.

Stanzel, Franz K.: Typische Formen des Romans. Göttingen [12]1993.

Diese populäre Einführung, erstmals 1964 erschienen, darf immer noch als Standardwerk über die typischen Erzählsituationen gelten und ist, trotz aller weitergehender erzähltheoretischer Forschung, immer noch empfehlenswert. Der »kleine« Stanzel, der die Klassifikationen der späteren *Theorie des Erzählens* in gut verständlicher Form präsentiert.

Stanzel, Franz K.: Theorie des Erzählens. Göttingen [6]1995.

Umfassende Darstellung der Formen des Erzählens (erstmals 1979), in der Stanzel die relativ schematische Unterscheidung zwischen den drei typischen Erzählsituationen im Roman in Richtung ihrer möglichen Zwischenformen und Kombinationen ausweitet zu einem Typenkreis. An einer Fülle (meist englischsprachiger) Textbeispiele orientiert.

Kahrmann, Cordula / Reiß, Gunter / Schluchter, Manfred: Erzähltextanalyse. Eine Einführung mit Studien- und Übungstexten. Weinheim [4]1996.

Ludwig, Hans Werner (Hrsg.): Arbeitsbuch Romananalyse. Tübingen [6]1998.

Vogt, Jochen: Aspekte erzählender Prosa. Eine Einführung in Erzähltechnik und Romantheorie. 8., durchges. und aktual. Aufl. Opladen 1998.

Das neuere Standardwerk der Erzählanalyse und Romantheorie, gleichsam die studentenorientierte »Summe« aus Lämmert, Stanzel u. a. Erzähltheoretikern. Anhand zahlreicher Beispieltexte werden Erzählsituationen, erzählerische Zeitdimensionen und Redeformen sowie Aspekte moderner Romantheorie und ein einführender Überblick über die Geschichte des Romans gegeben.

g) Fachgeschichte/Literaturkritik

Die Geschichte der germanistischen Literaturwissenschaft – sowohl die Vorläufergeschichte einer wissenschaftlichen Beschäftigung mit literarischen Texten *vor* der universitären Etablierung des Faches als auch die Geschichte eben dieser akademischen Disziplin seit dem ersten Drittel des 19. Jahrhunderts – ist die *Vor*geschichte der methodologischen Ausdifferenzierung des Faches seit spätestens den 1960er-Jahren, die natürlich die Fachgeschichte weitergeschrieben hat. In den engeren Kontext eben dieser Fachgeschichte gehört auch die Literatur*kritik*, die nicht unabhängig von den germanistischen oder literaturwissenschaftlichen Methoden und von den verschiedenen ideologischen Instrumentalisierungen des Faches gesehen werden kann. Hier werden die einschlägigen Einführungen in die Fachgeschichte und deren kompaktere Gesamtdarstellungen aufgeführt.

Lempicki, Sigmund von: Geschichte der deutschen Literaturwissenschaft bis zum Ende des 18. Jahrhunderts. 2., durchges., um ein Sach- und Personenregister und ein chronologisches Werkverzeichnis verm. Aufl. Göttingen 1968.

Reiß, Gunter (Hrsg.): Materialien zur Ideologiegeschichte der deutschen Literaturwissenschaft. Von Wilhelm Scherer bis 1945. 2 Bde. Tübingen 1973.

Mertens, Volker (Hrsg.): Die Grimms, die Germanistik und die Gegenwart. Wien 1988.

Weimar, Klaus: Geschichte der deutschen Literaturwissenschaft bis zum Ende des 19. Jahrhunderts. München 1989.

Förster, Jürgen / Neuland, Eva / Rupp, Gerhard (Hrsg.): Wozu noch Germanistik? Wissenschaft – Beruf – Kulturelle Praxis. Stuttgart 1989.

Fohrmann, Jürgen / Voßkamp, Wilhelm (Hrsg.): Wissen-

schaft und Nation. Studien zur Entstehungsgeschichte
der deutschen Literaturwissenschaft. München 1991.

Griesheimer, Frank / Prinz, Alois (Hrsg.): Wozu Literaturwissenschaft? Kritik und Perspektiven. Tübingen
1992. (UTB 1640.)

Fohrmann, Jürgen / Voßkamp, Wilhelm (Hrsg.): Wissen-
schaftsgeschichte der Germanistik im 19. Jahrhundert.
Stuttgart 1994.

Hermand, Jost: Geschichte der Germanistik. Reinbek bei
Hamburg 1994.

Barner, Wilfried / König, Christoph (Hrsg.): Zeitenwech-
sel. Germanistische Literaturwissenschaft vor und nach
1945. Frankfurt a. M. 1996.

*

Wellek, René: Geschichte der Literaturkritik 1750–1950.
Berlin 1959 ff.
   Bd. 1: Das späte 18. Jahrhundert – Das Zeitalter der Romantik.
   [1959.]
   Bd. 2: Das Zeitalter des Übergangs. [1977.]
   Bd. 3: Das späte 19. Jahrhundert. [1977.]
   Bd. 4: Das 20. Jahrhundert. Tl. 1: Die englische und die ameri-
   kanische Literaturkritik 1900–1950. [1990.]

Hohendahl, Peter Uwe (Hrsg.): Geschichte der deutschen
Literaturkritik (1730–1980). Stuttgart 1985.

Schmidt-Dengler, Wendelin / Streitler, Nicole (Hrsg.):
Literaturkritik. Theorie und Praxis. Innsbruck/Wien
1999.

Albrecht, Wolfgang: Literaturkritik. Stuttgart 2001.
(Sammlung Metzler. 338.)

h) Methoden und Fragestellungen: Einführungen

Spätestens seit den 1960er-Jahren hat sich, unter dem Einfluss beispielsweise einer marxistisch orientierten Soziologie oder auch der poststrukturalistischen Philosophie in Frankreich, in der Tradition etwa der Psychoanalyse oder auch der Hermeneutik eine unübersichtlich erscheinende Vielfalt literaturwissenschaftlicher Methoden herausgebildet, über die einerseits die im Folgenden zunächst aufgeführten Titel insgesamt und gegebenenfalls sogar vergleichend informieren. Zu jeder einzelnen methodologischen Fragestellung existieren jedoch auch Einführungen und Monographien über die spezielle Terminologie und Verfahrensweise. Darüber hinaus sind abschließend einige nicht unbedingt als »Methoden« identifizierbare, allerdings in der gegenwärtigen Diskussion virulente Fragestellungen aufgeführt.

Žmegač, Viktor (Hrsg.): Methoden der deutschen Literaturwissenschaft. Eine Dokumentation. Korr. Neuaufl. der durchges. und erg. Aufl. von 1972. Frankfurt a. M. 1974.

Harth, Dietrich / Gebhardt, Peter (Hrsg.): Erkenntnis der Literatur. Theorien, Konzepte, Methoden der Literaturwissenschaft. Stuttgart 1982.

Hauff, Jürgen / Heller, Albrecht / Hüppauf, Bernd [u. a.]: Methodendiskussion. Arbeitsbuch zur Literaturwissenschaft.

> Bd. 1: Positivismus – Formalismus – Strukturalismus. Frankfurt a. M. [6]1991.
>
> Bd. 2: Hermeneutik, Marxismus. Frankfurt a. M. [5]1987.

Wellbery, David E.: Positionen der Literaturwissenschaft. Acht Modellanalysen am Beispiel von Kleists *Das Erdbeben von Chili*. [1985.] München [4]2001.

> Ein hilfreicher und die ersten methodologischen Kenntnisse vertiefender Band, der am jeweils gleichen literarischen Text verschiedene Fachgelehrte ihre literaturtheoretische Position in

der interpretatorischen Praxis demonstrieren lässt (Sozialge-schichte, Diskursanalyse, Literatursemiotik u. a.).

Bogdal, Klaus-Michael (Hrsg.): Neue Literaturtheorien. Eine Einführung. Wiesbaden 1990.

Der Band führt – in leider nicht immer leicht verständlicher Weise – in alle wichtigen neueren literaturtheoretischen Konzepte zwischen strukturalistischer Psychoanalyse, Gender Studies und Systemtheorie ein. Er ist vor allem für fortgeschrittene Studierende dringend zu empfehlen.

Bogdal, Klaus-Michael (Hrsg.): Neue Literaturtheorien in der Praxis. Textanalysen von Kafkas *Vor dem Gesetz*. Wiesbaden 1993.

In Beispielanalysen, vergleichend jeweils am identischen literarischen Text durchgeführt, werden die literaturtheoretischen Ansätze, die der vorige Band theoretisch präsentierte, vorgeführt. Deren methodologischen Differenzen und Anschlussmöglichkeiten werden so sichtbar gemacht.

Eagleton, Terry: Einführung in die Literaturtheorie. 4., erw. und aktual. Aufl. Stuttgart/Weimar 1997. (Sammlung Metzler. 246.)

Ein auch für Anfänger geeigneter Band, der in die wichtigsten literaturtheoretischen Ansätze aus hermeneutischer, psychoanalytischer und strukturalistischer Sicht einführt.

Hawthorn, Jeremy: Grundbegriffe moderner Literaturtheorie. Ein Handbuch. Tübingen 1994. (UTB 1756.)

Ein im Vergleich zu Nünnings *Metzler-Lexikon Literatur- und Kulturtheorie* (s. u.) schmalerer – da auf die Schlüsselbegriffe moderner Literaturtheorie sich beschränkender – aber nichtsdestoweniger hilfreicher und nützlicher Band, der die Terminologie der unterschiedlichen methodologischen Ansätze ausgezeichnet erschließt.

Zima, Peter V.: Literarische Ästhetik. Methoden und Modelle der Literaturwissenschaft. 2., überarb. Aufl. Tübingen 1995. (UTB 1590.)

Ein eher für fortgeschrittene Studierende zu empfehlender Band, der nicht nur die einzelnen konkurrierenden literaturtheoretischen Ansätze vorstellt, sondern auch Möglichkeiten eines methodologischen Dialogs skizziert.

Renner, Rolf Günter / Habekost, Engelbert (Hrsg.): Lexikon literaturtheoretischer Werke. Stuttgart 1995.

Maren-Grisebach, Manon: Methoden der Literaturwissenschaft. Tübingen [11]1998. (UTB 121.)
In beispielorientierter und verständlicher Weise führt der Band
in die traditionelleren literaturwissenschaftlichen Methoden ein:
Beim Positivismus beginnend über Geistesgeschichte, Morphologie und Phänomenologie bis hin zur sozialgeschichtlichen und
strukturalistischen Literaturwissenschaft der siebziger und acht-
ziger Jahre.

Nünning, Ansgar [u. a.] (Hrsg.): Literaturwissenschaftliche Theorien, Modelle und Methoden. 3., verb. und
erw. Aufl. Trier 1998.

Baasner, Rainer: Methoden und Modelle der Literaturwissenschaft. Eine Einführung. Berlin 1996. – Gemeinsam
mit Maria Zens in 2. überarb. und erw. Aufl. Berlin
2001.
Ein gut lesbarer und durchweg empfehlenswerter Band, der sowohl die älteren (formanalytische Werkinterpretation, Geistesgeschichte, marxistische Literaturtheorie) als auch die neueren
Ansätze (zwischen Sozialgeschichte und feministischer Literaturtheorie) gut präsentiert.

Lamping, Dieter: Literatur und Theorie. Poetologische
Probleme der Moderne. Göttingen 1996.

Brenner, Peter J.: Das Problem der Interpretation. Eine
Einführung in die Grundlagen der Literaturwissenschaft. Tübingen 1998.

Nünning, Ansgar (Hrsg.): Metzler-Lexikon Literatur- und
Kulturtheorie. Ansätze – Personen – Grundbegriffe.
2., überarb. und erw. Aufl. 2001.
Ein gutes Nachschlagewerk zu Begriffen, Namen und methodi-
schen Ansätzen.

Culler, Jonathan: Literaturtheorie. Eine kurze Einführung.
Stuttgart 2002. (Reclams Universal-Bibliothek. 18166.)

Jahraus, Oliver / Neuhaus, Stefan (Hrsg.): Kafkas *Urteil*
und die Literaturtheorie. Zehn Modellanalysen. Stuttgart 2002.

i) Zu einzelnen Methoden und Fragestellungen

Editionswissenschaft

Scheibe, Siegfried [u. a.]: Vom Umgang mit Editionen. Eine Einführung in Verfahrensweisen und Methoden der Textologie. Berlin 1988.

Kanzog, Klaus: Einführung in die Editionsphilologie der neueren deutschen Literatur. Berlin 1991. (Grundlagen der Germanistik. 31.)

Plachta, Bodo: Editionswissenschaft. Eine Einführung in Methode und Praxis der Edition neuerer Texte. Stuttgart 1997. (Reclams Universal-Bibliothek. 17603.)

Roloff, Hans-Gert (Hrsg.): Editionswissenschaft und akademischer Unterricht. Symposion. Berlin 1999.

Kraft, Herbert: Editionsphilologie. 2., neubearb. und erw. Aufl. mit Beiträgen von Diana Schilling und Gert Vonhoff. Frankfurt a. M. 2001.

Hermeneutik

Szondi, Peter: Einführung in die literarische Hermeneutik. Frankfurt a. M. 1975.

Leibfried, Erwin: Literarische Hermeneutik. Eine Einführung in ihre Geschichte und Probleme. Tübingen 1980.

Birus, Hendrik (Hrsg.): Hermeneutische Positionen. Schleiermacher – Dilthey – Heidegger – Gadamer. Göttingen 1982.

Jauss, Hans R.: Ästhetische Erfahrung und literarische Hermeneutik. Frankfurt a. M. 1991.

Berg, Henk de / Prangel, Matthias (Hrsg.): Systemtheorie und Hermeneutik. Tübingen 1997.

Tholen, Toni: Erfahrung und Interpretation. Der Streit zwischen Hermeneutik und Dekonstruktion. Heidelberg 1999.

Hufnagel, Erwin: Einführung in die Hermeneutik. [Stuttgart 1976.] Neufassung St. Augustin 2000.

Jung, Matthias: Hermeneutik zur Einführung. Hamburg ²2002.

Literaturpsychologie /
Psychoanalytische Literaturwissenschaft

Groeben, Norbert: Literaturpsychologie. Literaturwissenschaft zwischen Hermeneutik und Empirie. Stuttgart 1972.

Cremerius, Johannes: Psychoanalytische Textinterpretation. Hamburg 1974.

Urban, Bernd / Kudszus, Winfried (Hrsg.): Psychoanalytische und psychopathologische Literaturinterpretation. Darmstadt 1981.

Schönau, Walter: Einführung in die psychoanalytische Literaturwissenschaft. Stuttgart 1991. (Sammlung Metzler. 259.)

Reh, Albert M.: Literatur und Psychologie. [1986.] 2., überarb. Aufl. Berlin 1998. (Germanistische Lehrbuch-Sammlung. 72.)

Dettmering, Peter: Psychoanalyse als Instrument der Literaturwissenschaft. Eschborn ³1999.

Anz, Thomas (Hrsg.): Psychoanalyse in der modernen Literatur. Kooperation und Konkurrenz. Würzburg 1999.

Matt, Peter von: Literaturwissenschaft und Psychoanalyse. Stuttgart 2001. (Reclams Universal-Bibliothek. 17626.)

Literatursoziologie /
Sozialgeschichte der Literatur

Fügen, Hans Norbert (Hrsg.): Wege der Literatursoziologie. Neuwied/Berlin 1968.

Scharfschwerdt, Jürgen: Grundprobleme der Literatursoziologie. Ein wissenschaftsgeschichtlicher Überblick. Stuttgart [u. a.] 1977.

Silbermann, Alphons: Einführung in die Literatursoziologie. München 1981.

Link, Jürgen / Link-Heer, Ursula: Literatursoziologisches Propädeutikum. Mit Ergebnissen einer Bochumer Lehr- und Forschungsgruppe Literatursoziologie 1974–76. München 1980. (UTB 799.)

Gmünder, Ulrich: Kritische Theorie. Horkheimer, Adorno, Marcuse, Habermas. Stuttgart 1985. (Sammlung Metzler. 220.)

Heydebrand, Renate von: Zur theoretischen Grundlegung einer Sozialgeschichte der Literatur. Tübingen 1988.

Gaiser, Gottlieb: Literaturgeschichte und literarische Institutionen. Zu einer Pragmatik der Literatur. Meitingen 1993.

Dörner, Andreas / Vogt, Ludgera: Literatursoziologie. Literatur, Gesellschaft, Politische Kultur. Opladen 1994.

Huber, Martin / Lauer, Gerhard (Hrsg.): Nach der Sozialgeschichte. Konzepte für eine Literaturwissenschaft zwischen Historischer Anthropologie, Kulturgeschichte und Medientheorie. Tübingen 2000.

Schönert, Jörg: Perspektiven zur Sozialgeschichte der Literatur. Beiträge zu Theorie und Praxis. Tübingen 2002. (Studien und Texte zur Sozialgeschichte der Literatur. 87.)

Rezeptionsästhetik und -forschung

Link, Hannelore: Rezeptionsforschung. Eine Einführung in Methoden und Probleme. Stuttgart ²1980.

Naumann, Manfred [u. a.]: Gesellschaft, Literatur, Lesen. Literaturrezeption in theoretischer Sicht. Berlin (DDR) / Weimar 1976.

Grimm, Gunter E.: Rezeptionsgeschichte. Grundlegung einer Theorie. Mit Analysen und Bibliographie. München 1977. (UTB 691.)

Stückrath, Jörn: Historische Rezeptionsforschung. Ein kritischer Versuch zu ihrer Geschichte und Theorie. Stuttgart 1979.

Ibsch, Elrud / Schram, Dick H. (Hrsg.): Rezeptionsforschung zwischen Hermeneutik und Empirik. Amsterdam 1987.

Warning, Rainer: Rezeptionsästhetik. Theorie und Praxis. München [4]1994. (UTB 303.)

Franzmann, Bodo [u. a.] (Hrsg.): Handbuch Lesen. Im Auftrag der Stiftung Lesen und der Deutschen Literaturkonferenz. München 1999. – Taschenbuchausgabe Baltmannsweiler 2001.

Strukturalismus, Diskursanalyse, Dekonstruktion

Hempfer, Klaus W. (Hrsg.): Poststrukturalismus – Dekonstruktion – Postmoderne. Stuttgart 1992.

Titzmann, Michael: Strukturale Textanalyse. Theorie und Praxis der Interpretation. München [3]1993. (UTB 582.)

Zima, Peter von: Die Dekonstruktion. Einführung und Kritik. Tübingen 1994. (UTB 1805.)

Fietz, Lothar: Strukturalismus. Ein Einführung. 3., erw. Aufl. Tübingen 1998.

Albrecht, Jörn: Europäischer Strukturalismus. Ein forschungsgeschichtlicher Überblick. 2., völlig überarb. und erw. Aufl. Tübingen 2000. (UTB 1487.)

Bogdal, Klaus Michael: Historische Diskursanalyse der Literatur. Theorie, Arbeitsfelder, Analysen, Vermittlung. Opladen 1999.

Culler, Jonathan: Dekonstruktion. Derrida und die poststrukturalistische Literaturtheorie. Neuausg. Reinbek bei Hamburg 1999.

Münker, Stefan / Roesler, Alexander: Poststrukturalismus. Stuttgart/Weimar 2000. (Sammlung Metzler. 322.)

Bossinade, Johanna: Poststrukturalistische Literaturtheorie. Stuttgart/Weimar 2000. (Sammlung Metzler. 324.)

Gender Studies

Hahn, Barbara: Unter falschem Namen. Von der schwierigen Autorschaft der Frauen. Gender Studies. Frankfurt a. M. 1991.

Hof, Renate: Die Grammatik der Geschlechter. Gender als Analysekategorie in der Literaturwissenschaft. Frankfurt a. M. / New York 1995.

Lindhoff, Lena: Einführung in die feministische Literaturtheorie. Stuttgart/Weimar 1995. (Sammlung Metzler. 285.)

Osinski, Jutta: Einführung in die feministische Literaturwissenschaft. Berlin 1998.

Braun, Christina von / Stephan, Inge (Hrsg.): Gender Studien. Eine Einführung. Stuttgart/Weimar 2000.

Kroll, Renate (Hrsg.): Metzler Lexikon Gender Studies – Geschlechterforschung. Ansätze, Personen, Grundbegriffe. Stuttgart/Weimar 2002.

Systemtheorie und Literaturwissenschaft

Schwanitz, Dietrich: Systemtheorie und Literatur. Ein neues Paradigma. Wiesbaden 1990.

Werber, Niels: Literatur als System. Zur Ausdifferenzierung literarischer Kommunikation. Opladen 1992.

Schmidt, Siegfried J. (Hrsg.): Literaturwissenschaft und Systemtheorie. Positionen, Kontroversen, Perspektiven. Opladen 1993.

Marius, Benjamin / Jahraus, Oliver: Systemtheorie und Dekonstruktion. Die Supertheorien Niklas Luhmanns und Jacques Derridas. Siegen 1997.

Jahraus, Oliver: Zur Systemtheorie Niklas Luhmanns. In: Niklas Luhmann: Aufsätze und Reden. Hrsg. von Oliver Jahraus. Stuttgart 2001. (Reclams Universal-Bibliothek. 18149.) S. 299–334.

Medien- und Literaturwissenschaft

Schanze, Helmut: Medienkunde für Literaturwissenschaftler. Einführung und Bibliographie. München 1974. (UTB 302.)

Feldmann, Erich: Theorie der Massenmedien. Eine Einführung in die Medien- und Kommunikationswissenschaft. München/Basel ²1977. (UTB 180.)

Japp, Uwe: Das Fernsehen als Gegenstand der Literatur und der Literaturwissenschaft. Siegen 1988.

Bolz, Norbert: Theorie der neuen Medien. München 1990.

Faulstich, Werner: Medientheorien: Einführung und Überblick. Göttingen 1991.

Giesecke, Michael: Der Buchdruck in der frühen Neuzeit. Eine historische Fallstudie über die Durchsetzung neuer Informations- und Kommunikationstechnologien. Frankfurt a. M. 1991.

Elm, Theo / Hiebel, Hans H. (Hrsg.): Medien und Maschinen. Literatur im technischen Zeitalter. Freiburg 1991.

Hickethier, Knut: Film- und Fernsehanalyse. 3., überarb. Aufl. Stuttgart/Weimar 2001. (Sammlung Metzler. 277.)

Winkels, Hubert: Leselust und Bildermacht: Literatur, Fernsehen und Neue Medien. Köln 1997.

Griem, Julika (Hrsg.): Bildschirmfiktionen. Interferenzen zwischen Literatur und neuen Medien. Tübingen 1998.

Fassler, Manfred / Halbach, Wulf R. (Hrsg.): Geschichte der Medien. München 1998. (UTB 984.)

Faulstich, Werner (Hrsg.): Grundwissen Medien. München ⁴2000. (UTB 8169.)

Kloock, Daniela / Spahr, Angela: Medientheorien. Eine Einführung. 2., korr. und erw. Aufl. München 2000. (UTB 1986.)

Schanze, Helmut (Hrsg.): Handbuch der Mediengeschichte. Stuttgart 2001.

Helmes, Günter / Köster, Werner (Hrsg.): Texte zur Medientheorie. Stuttgart 2002. (Reclams Universal-Bibliothek. 18239.)

Kerlen, Dietrich: Einführung in die Medienkunde. Stuttgart 2003. (Reclams Universal-Bibliothek. 17637.)

Autor und Autorschaft

Bosse, Heinrich: Autorschaft ist Werkherrschaft: Über die Entstehung des Urheberrechts aus dem Geist der Goethezeit. Paderborn 1981. (UTB 1147.)

Kreuzer, Helmut (Hrsg.): Der Autor. Göttingen 1981.

Kleinschmidt, Erich: Autorschaft. Konzepte einer Theorie. Tübingen 1998.

Jannidis, Fotis / Lauer, Gerhard / Martinez, Matias / Winko, Simone (Hrsg.): Rückkehr des Autors. Zur Erneuerung eines umstrittenen Begriffs. Tübingen 1999.

Jannidis, Fotis / Lauer, Gerhard / Martinez, Mathias / Winko, Simone (Hrsg.): Texte zur Theorie der Autorschaft. Stuttgart 2000. (Reclams Universal-Bibliothek. 18058.)

Kanon und Kanondiskussion

Raitz, Walter / Schütz, Erhard (Hrsg.): Der alte Kanon neu. Zur Revision des literarischen Kanons in Wissenschaft und Unterricht. Opladen 1976.

Geißler, Rolf: Arbeit am literarischen Kanon. Perspektiven der Bürgerlichkeit. Paderborn [u. a.] 1982.

Assmann, Aleida / Assmann, Jan (Hrsg.): Kanon und Zensur. Beiträge zur Archäologie der literarischen Kommunikation. München 1987.

Heydebrand, Renate von (Hrsg.): Kanon – Macht – Kultur. Theoretische, historische und soziale Aspekte ästhetischer Kanonbildungen. Stuttgart/Weimar 1998.

Kochan, Detlef C. (Hrsg.): Literaturdidaktik – Lektürekanon – Literaturunterricht. Amsterdam/Atlanta 1990.

Bogdal, Klaus Michael / Kammler, Clemens: (K)ein Kanon. 30 Schulklassiker neu gelesen. München 2000.

Gendolla, Peter (Hrsg.): Der Siegener Kanon. Beiträge zu einer »ewigen Debatte«. Frankfurt a. M. 2000.

Kaiser, Gerhard R. (Hrsg.): Begründungen und Funktionen des Kanons. Beiträge aus der Literatur- und Kunstwissenschaft, Philosophie und Theologie. Heidelberg 2001.

Neuhaus, Stefan: Revision des literarischen Kanons. Göttingen 2002.

Literaturdidaktik

Vogt, Jochen (Hrsg.): Literaturdidaktik. Aussicht und Aufgaben. Opladen ²1973.

Bredella, Lothar: Einführung in die Literaturdidaktik. Stuttgart 1976.

Kochan, Detlev C. (Hrsg.): Literaturdidaktik – Lektürekanon – Literaturunterricht. Amsterdam/Atlanta 1990.

Belgrad, Jürgen / Melenk, Hartmut (Hrsg.): Literarisches Verstehen – Literarisches Schreiben. Positionen und Modelle zur Literaturdidaktik. Baltmannsweiler 1996.

Paefgen, Elisabeth K.: Schreiben und Lesen. Ästhetisches Arbeiten und literarisches Lernen. Opladen 1996.

Lange, Günter: Textarten – didaktisch. Eine Hilfe für den Literaturunterricht. Baltmannsweiler ²1998.

Lange, Günter / Neumann, Karl / Ziesenis, Werner (Hrsg.): Taschenbuch des Deutschunterrichts. Grundfragen und Praxis der Sprach- und Literaturdidaktik. 2 Bde. 6., vollst. überarb. Aufl. Baltmannsweiler 1998.

Belgrad, Jürgen (Hrsg.): Textnahes Lesen. Annäherungen an Literatur im Unterricht. Baltmannsweiler 1998.

Paefgen, Elisabeth K.: Einführung in die Literaturdidaktik. Stuttgart 1999. (Sammlung Metzler. 317.)

Nayhauss, Hans C.: Literaturdidaktik. Münster 2000.

Lange, Günter (Hrsg.): Lese-Erlebnisse und Literatur-Er-

fahrungen. Annäherungen an literarische Werke von
Luther bis Enzensberger. Festschrift für Kurt Franz
zum 60. Geburtstag. Baltmannsweiler 2001.
Bogdal, Klaus Michael / Korte, Hermann (Hrsg.): Grundzüge der Literaturdidaktik. München 2002.

j) Lexika

Die verschiedenen literaturwissenschaftlichen Lexika versammeln einerseits biographische, das Werk, Epochenzu-
ordnung oder literarhistorischen Hintergrund betreffende
Informationen zu Schriftstellerinnen und Schriftstellern
(Personenlexika), andererseits mehr oder weniger ausführliche Definitionen bzw. Erläuterungen zu Gattungsbegrif-
fen, Epochen und diesen jeweils zuzuordnenden ästhetischen oder ggf. literaturpolitischen Konzepten, zu Fach-
termini aus Poetik und Rhetorik oder auch zu literarischen
Stoffen oder Motiven (Sachlexika). Daneben existiert eine
kleine Gruppe so genannter Werklexika, die Informationen zu einzelnen literarischen Werken versammeln: Ent-
stehungs- und Erstveröffentlichungsdaten, knappe In-
haltsskizze, Rumpfinterpretation.

All diese Lexika verweisen immer – allerdings nur in
knappem Umfang – auf einschlägige Forschungsliteratur
zum gesuchten Gegenstand, zu Autor oder Autorin, Gat-
tungsbegriff, Fachterminus o. Ä. Wenn die bibliographischen Anhänge der Einträge in Literaturlexika auch niemals erschöpfend sind, bietet sich hier doch der Ausgangspunkt zu einer Bibliographie größeren Umfangs,
zumal wenn die Thematik des literaturwissenschaftlichen
Studienprojekts mit einem theoretischen oder Sachkom-
plex der Literaturwissenschaft verbunden ist (Bsp.: ›Bildungsroman‹, ›Ode‹, ›Antikerezeption‹ oder ›Erzählerfik-
tionen‹).

Personenlexika

Deutsches Literatur-Lexikon. Biographisch-bibliographisches Handbuch. Begr. von Wilhelm Kosch. 20 Bde. Bern ²1949–58.

Deutsches Literatur-Lexikon. Biographisch-bibliographisches Handbuch. 3., völlig neu bearb. Aufl. Hrsg. von Bruno Berger und Heinz Rupp; ab Bd. 6 hrsg. von Heinz Rupp und Carl Ludwig Lang. Bern/München/Stuttgart 1968 ff. (Zuletzt Bd. 21: Streit–Techim, 2002.)

Wilpert, Gero von: Deutsches Dichterlexikon. Biographisch-bibliographisches Handwörterbuch zur deutschen Literaturgeschichte. 3., erw. Aufl. Stuttgart 1988.

Wilpert, Gero von: Lexikon der Weltliteratur. Bd. 1: Biographisch-bibliographisches Handwörterbuch nach Autoren und anonymen Werken. 3., vollst. überarb. Aufl. Stuttgart 1988.

Killy, Walther (Hrsg.): Literaturlexikon. Autoren und Werke deutscher Sprache. Gütersloh 1988–93.
15 Bände, enthält auch ein Sachlexikon in den Bänden 13–14; auch als CD-ROM-Version erhältlich und im Netz zugänglich.

Böttcher, Kurt (Hrsg.): Lexikon deutschsprachiger Schriftsteller. Von den Anfängen bis zur Gegenwart. 2 Bde. Bd. 1 Leipzig 1987. Bd. 2 Hildesheim / Zürich / New York 1993.

Lutz, Bernd: Metzler Autoren Lexikon. Deutschsprachige Schriftsteller vom Mittelalter bis zur Gegenwart. 2., überarb. und erw. Aufl. Stuttgart/Weimar 1994.

Hechtfischer, Ute [u. a.] (Hrsg.): Metzler Autorinnen Lexikon. Stuttgart/Weimar 1998.

Meid, Volker: Reclams Lexikon der deutschsprachigen Autoren. Stuttgart 2001. – CD-ROM [zusammen mit Volker Meid, *Sachwörterbuch zur deutschen Literatur*] Stuttgart 2002.

*

Eymer, Wilfrid: Eymers Pseudonymen-Lexikon. Realna-
men und Pseudonyme in der deutschen Literatur. Bonn
1997.
Weigand, Jörg: Pseudonyme. Ein Lexikon. Decknamen
der Autoren deutschsprachiger erzählender Literatur.
3., verb. und erw. Aufl. Baden-Baden 2000.

Personenlexika nach Epochen

Historische Lexika, d. h. Nachschlagewerke zu Dichtern
und Gelehrten, die im 17., 18. oder 19. Jahrhundert erschienen sind, sind hier nicht aufgeführt. Eine sehr gute
Übersicht bietet Hansjürgen Blinn, *Informationshandbuch deutsche Literaturwissenschaft*, 4., überarb. und erg.
Aufl. Frankfurt a. M. 2001.

Die Deutsche Literatur (DDL). Biographisches und bi-
bliographisches Lexikon in sechs Reihen. Unter Mitarb.
zahlreicher Fachgelehrter hrsg. von Hans-Gert Roloff.
Bern [u. a.]: Lang 1985–97 / [Verlagswechsel 1998:]
Stuttgart: Frommann-Holzboog, 1998 ff.
Das auf rund 70 Bände angelegte Lexikon sammelt Daten und
Fakten der deutschen Literatur einschließlich der auslandsdeut-
schen und Mundartautoren von den Anfängen bis zur Gegenwart. Das Werk gliedert sich in sechs Reihen: I: Die Deutsche
Literatur von den Anfängen bis 1450; II: Die Deutsche Litera-
tur zwischen 1450 und 1620; III: Die Deutsche Literatur zwi-
schen 1620 und 1720; IV: Die Deutsche Literatur zwischen 1720
und 1830; V: Die Deutsche Literatur zwischen 1830 und 1890;
VI: Die Deutsche Literatur zwischen 1890 und 1990. Jede Reihe
gliedert sich in Abt. A: Autorenlexikon; Abt. B: Forschungslite-
ratur, mit Tl. 1: Allgemeine Forschungsliteratur, Tl. 2: Autoren,
Tl. 3: Nachschlagewerke. Erschienen sind:
Reihe II,A, Bd. 1 (Lfg. 1–15 und Register). [1985.]
Reihe II,A, Bd. 2 (Lfg. 1–5, 6–10). [1991. 2001.]
Reihe II,A, Bd. 3 (Lfg. 1–5). [2001.]
Reihe II,B,1, Bd. 1 (Lfg. 1–6). [1985.]
Reihe II,B,2, Bd. 1 (Lfg. 1–2). [1985.]

Reihe III,B,1, Bd. 1 (Lfg. 1–3). [1987.]
Reihe IV,A, Bd. 1 (Lfg. 1–3). [1997.]
Reihe VI,A, Bd. 1 (Lfg. 1–5, 6–10). [1991. 2002.]

Stammler, Wolfgang / Langosch, Karl (Hrsg.): Die Deutsche Literatur des Mittelalters. Verfasserlexikon. 5 Bde.
Berlin/Leipzig 1933–55. – In 2., völlig neu bearb. Aufl.
neu hrsg. von Kurt Ruh. Berlin / New York 1978 ff.

*

Steinhagen, Harald / Wiese, Benno von (Hrsg.): Deutsche
Dichter des 17. Jahrhunderts. Ihr Leben und Werk. Ber-
lin 1984.
Woods, Jean M. / Fürstenwald, Maria: Schriftstellerinnen,
Künstlerinnen und gelehrte Frauen des deutschen Ba-
rock. Ein Lexikon. Stuttgart 1984.
Füssel, Stephan (Hrsg.): Deutsche Dichter der frühen
Neuzeit (1450–1600). Ihr Leben und Werk. Berlin 1993.

*

Wiese, Benno von (Hrsg.): Deutsche Dichter des 18. Jahr-
hunderts. Ihr Leben und Werk. Berlin 1977.
Wiese, Benno von (Hrsg.): Deutsche Dichter des 19. Jahr-
hunderts. Ihr Leben und Werk. 2., überarb und verm.
Aufl. Berlin 1979.
Friedrichs, Elisabeth: Die deutschsprachigen Schriftstelle-
rinnen des 18. und 19. Jahrhunderts. Ein Lexikon.
Stuttgart 1981.
Wiese, Benno von (Hrsg.): Deutsche Dichter der Roman-
tik. Ihr Leben und Werk. 2., überarb und verm. Aufl.
Berlin 1983.
Brinker-Gabler, Gisela / Ludwig, Karola / Wöffen, Ange-
la: Lexikon deutschsprachiger Schriftstellerinnen von
1800 bis 1945. München 1986.

*

Kürschners deutscher Literaturkalender. Berlin / [ab Jg. 1961:] München 1897 ff.
Jahrbücher, die alle jeweils lebenden Schriftsteller(innen) mit knappen Hinweisen zu Biographie und literarischer Produktion versammeln. Mit Lücken, zuletzt 2000/01.

Wiese, Benno von (Hrsg.): Deutsche Dichter der Gegenwart. Ihr Leben und Werk. Berlin 1973.

Ret, Joachim [u. a.] (Bearb.): Schriftsteller der Deutschen Demokratischen Republik. Leipzig ²1975.

Wiese, Benno von (Hrsg.): Deutsche Dichter der Moderne. Ihr Leben und Werk. 3., überarb. und verm. Aufl. Berlin 1975.

Arnold, Heinz Ludwig (Hrsg.): Kritisches Lexikon zur deutschsprachigen Gegenwartsliteratur (KLG). München 1978 ff. (Loseblattausgabe). – CD-ROM-Ausg. 1999 ff. Online: http://www.KLGonline.de/.

Röder, Werner (Hrsg.): Biographisches Handbuch der deutschsprachigen Emigration nach 1933. 3 Bde. München 1980–83.

Steinecke, Hartmut (Hrsg.): Deutsche Dichter des 20. Jahrhunderts. Berlin 1994.

Barck, Simone (Hrsg.): Lexikon sozialistischer Literatur. Ihre Geschichte in Deutschland bis 1945. Stuttgart/Weimar 1994.

Brauneck, Manfred (Hrsg.): Autorenlexikon deutschsprachiger Literatur des 20. Jahrhunderts. Überarb. und erw. Neuausg. Reinbek bei Hamburg 1995.

Jäger, Andrea: Schriftsteller aus der DDR. Ausbürgerungen und Übersiedlungen von 1961–1989. Frankfurt a. M. ²1995.

Moser, Dietz-Rüdiger (Hrsg.): Lexikon der deutschsprachigen Gegenwartsliteratur seit 1945. Begr. von H. Kunisch. 2 Bde. München 1997.

Lang, Carl Ludwig / Feilchenfeldt, Konrad [ab Bd. 2] (Hrsg.): Deutsches Literatur-Lexikon. Das 20. Jahrhundert. Biographisch-bibliographisches Handbuch. Bern/München 2000 ff.
Geplant auf 16 Bde.

Werklexika

Lexika literaturtheoretischer Werke siehe S. 36.

Jens, Walter (Hrsg.): Kindlers neues Literaturlexikon. 20 Bde. München 1988–92. – 2 Suppl.-Bde. 1998. – CD-ROM München 1999. Online-Zugang meist von Universitätsbibliotheken unter: http://www.xipolis.net/portals/digibib/

Wilpert, Gero von: Lexikon der Weltliteratur. Bd. 2: Hauptwerke der Weltliteratur in Charakteristiken und Kurzinterpretationen. 3., vollst. überarb. Aufl. Stuttgart 1993. – CD-ROM [auch mit Bd. 1] Berlin 1999.

Max, Frank Rainer / Ruhrberg, Christine (Hrsg.): Reclams Romanlexikon. Deutschsprachige erzählende Literatur vom Mittelalter bis zur Gegenwart. Stuttgart 2000. – Taschenbuchausg. 5 Bde. Stuttgart 1998–2000. – Auch auf CD-ROM.

Sachlexika

Bautier, Robert-Henri / Auty, Robert [u. a.]: Lexikon des Mittelalters. 9 Bde. Zürich [u. a.] 1980–98. – Studienausg. München 1999.

Beck, Heinrich / Jankuhn, Herbert / Ranke, Kurt / Wenskus, Reinhard: Reallexikon der Germanischen Altertumskunde. Begr. von Johannes Hoops. Bde. 1–7 [20 Bde.]. 2., völlig neu bearb. und stark erw. Aufl. Berlin 1973 ff.

*

Reallexikon der deutschen Literaturgeschichte (RL). Begr. von Paul Merker und Wolfgang Stammler. 2. Aufl., neu bearb. von Werner Kohlschmidt und Wolfgang Mohr. 4 Bde. und Reg.-Bd. Berlin 1958–88.

Reallexikon der deutschen Literaturwissenschaft (RLW). Hrsg. von Klaus Weimar [u. a.]. [Bisher ersch.:] Bd. 1–2 (A–O). Berlin [u. a.] 1997, 2000.

*

Wetzel, Christoph: Lexikon der deutschen Literatur. Autoren und Werke. Stuttgart 1987.

Träger, Claus (Hrsg.): Wörterbuch der Literaturwissenschaft. Leipzig ²1989.

Schweikle, Günther / Schweikle, Irmgard (Hrsg.): Metzler Literatur Lexikon. Begriffe und Definitionen. 2., überarb. Aufl. Stuttgart 1990.

Borchmeyer, Dieter / Žmegač, Viktor (Hrsg.): Moderne Literatur in Grundbegriffen. 2., neu bearb. Aufl. Tübingen 1994.

Best, Otto F.: Handbuch literarischer Fachbegriffe. Definitionen und Beispiele. Überarb und erw. Ausg. Frankfurt a. M. 1995.

Ricklefs, Ulfert (Hrsg.): Das Fischer Lexikon Literatur. 3 Bde. Frankfurt a. M. 1996.

Brunner, Horst / Moritz, Rainer (Hrsg.): Literaturwissenschaftliches Lexikon. Grundbegriffe der Germanistik. Berlin 1997.

Meid, Volker: Sachwörterbuch zur deutschen Literatur. Stuttgart 1999. (Reclams Universal-Bibliothek. 18129.) – Als CD-ROM: Elektronisches Sachwörterbuch zur deutschen Literatur. Stuttgart 1999.

Gfrereis, Heike (Hrsg.): Grundbegriffe der Literaturwissenschaft. Stuttgart/Weimar 1999.

Meid, Volker (Hrsg.): Sachlexikon der Literatur. München 2000.

Barck, Karlheinz [u. a.] (Hrsg.): Ästhetische Grundbegriffe. Historisches Wörterbuch. Stuttgart/Weimar 2000 ff. Geplant auf 7 Bde.

Wilpert, Gero von: Sachwörterbuch der Literatur. 8., verb. und erw. Aufl. Stuttgart 2001.

Konkordanzen

Berlepsch, H. A. (Hrsg.): Concordanz der poetischen National-Literatur der Deutschen. Erfurt 1848–50.

Bäuml, Franz H. / Fallone, Eva-Maria: A concordance to the Nibelungenlied. Leeds 1976.

Janssen, Olga (Bearb.): Lemmatisierte Konkordanz zu den Schweizer Minnesängern. Tübingen 1984.

Boggs, Roy A.: Hartmann von Aue. Lemmatisierte Konkordanz zum Gesamtwerk. Nendeln 1979.

Heffner, Roe-Merrill S. / Lehmann, Winfried Philipp: A word index to the poems of Walther von der Vogelweide. Wisconsin 1940.

*

Lyon, James K.: Konkordanz zur Lyrik Gottfried Benns. Hildesheim / New York 1971.

Bock, Claus Victor: Wort-Konkordanz zur Dichtung Stefan Georges. Amsterdam 1964.

Märkisch, Anneliese (Bearb.): Konkordanz zu Goethes Werken. Berlin 1973.

Gottschalk, Günther: Hesse-Lyrik-Konkordanz. Mit Wortindex und Wortfrequenzlisten. München 1987.

Böschenstein, Bernhard: Konkordanz zu Hölderlins Gedichten nach 1800. Auf Grund des 2. Bandes der Großen Stuttgarter Ausgabe. Göttingen 1964.

Chisholm, David (Bearb.): Konkordanz zu den Gedichten Conrad Ferdinand Meyers. Mit einem Versmaß- und Reimschemaregister. Tübingen 1982.

Konkordanz zu den Dichtungen Georg Trakls. Salzburg 1971.

k) Autorenhandbücher und -monographien

Kompakteste, aber ausführliche Information über Autoren, ihre Werke und vor allem auch eine meist gesichtete, zusammengestellte und kommentierte breite Auswahl an Forschungsliteratur liefern Autorenhandbücher. Hier wird in eine größtmögliche Zahl von Texten des jeweiligen Autors in ausführlicher Weise eingeführt, die biographischen und literaturgeschichtlichen Zusammenhänge sind einlässlich erklärt, die Gattungs- wie die Forschungsgeschichte eines Textes wird gründlich referiert und kommentiert. Darüber hinaus finden sich zu allen Artikeln ausladende Bibliographien, die eine weitergehende Suche fast unnötig erscheinen lassen.

Kürzer gefasste Autorenmonographien erschienen bzw. erscheinen in Studienbuchverlagen oder -reihen wie etwa der »Sammlung Metzler«, der Reihe »Epoche – Werk – Wirkung« bei C. H. Beck, bei UTB oder bei Reclam. Über die ausgesprochen literaturwissenschaftlichen Autormonographien hinaus ist zu jeder Autorin bzw. zu jedem Autor natürlich auf die biographische Literatur zurückzugreifen, die aber wegen ihrer Fülle hier nicht aufgelistet werden kann.

Knopf, Jan (Hrsg.): Brecht-Handbuch. In fünf Bänden. Stuttgart/Weimar 2000 ff.
  Bisher erschienen:
  Bd. 1: Stücke. [2000.]
  Bd. 2: Gedichte. [2001.]
  Bd. 3: Prosa, Filme, Drehbücher. [2002.]

Grawe, Christian / Nürnberger, Helmuth (Hrsg.): Fontane-Handbuch. Stuttgart 2000.

Witte, Bernd [u. a.] (Hrsg.): Goethe-Handbuch. 4 in 5 Bdn. und Reg.-Bd. Stuttgart/Weimar 1996–99.

Breuer, Dieter: Grimmelshausen-Handbuch. München 1999. (UTB 8182.)

Höhn, Gerhard. Heine-Handbuch. Zeit, Person, Werk. 2., aktual. und erw. Aufl. Stuttgart 1997.

Kreuzer, Johann (Hrsg.): Hölderlin-Handbuch. Leben – Werk – Wirkung. Stuttgart/Weimar 2002.

Binder, Hartmut: Kafka-Handbuch. 2 Bde. Stuttgart 1979.

Fick, Monika: Lessing-Handbuch. Leben – Werk – Wirkung. Stuttgart/Weimar 2000.

Koopmann, Helmut (Hrsg.): Thomas-Mann-Handbuch. Stuttgart ²1995.

Ottmann, Henning (Hrsg.): Nietzsche-Handbuch. Leben – Werk – Wirkung. Stuttgart/Weimar 2000.

Koopmann, Helmut (Hrsg.): Schiller-Handbuch. Stuttgart 1998.

l) Literaturgeschichten

Historische Literaturgeschichten

Gervinus, Georg Gottfried: Geschichte der poetischen Nationalliteratur der Deutschen. 5 Bde. Leipzig 1835–42.

Vilmar, August Friedrich Christian: Vorlesungen über die Geschichte der deutschen National-Literatur. 2., verb. Aufl. Marburg 1843–45. [Ab der 3. Aufl. u. d. T. *Geschichte der Deutschen National-Litteratur.*]

Scherer, Wilhelm: Geschichte der deutschen Literatur. Berlin 1883.

Aktuelle Literaturgeschichten

de Boor, Helmut / Richard Newald: Geschichte der deutschen Literatur von den Anfängen bis zur Gegenwart. 7 Bde. in 11 Tl.-Bdn. München 1949 ff.

Der erste Band der Geschichte der deutschen Literatur von de Boor und Newald erschien schon 1949, die Einzelbände aber wurden immer wieder überarbeitet und aktualisiert oder aber durch ganz neu geschriebene Bände, sogar in neu bemessenen Epochenschnitten, ersetzt. Diese Literaturgeschichte bietet, v. a. in den neueren Bänden, die ausführlichste und auch für die avancierteren Forschungsvorhaben ausreichende Informationsfülle; auf das Intensivste ist, bei aller gebotenen Kürze, die bei Abfassung des Bandes gegebene aktuelle Forschungslage eingearbeitet. Alle Bände weisen eine reiche Bibliographie und einen Personenindex auf, so dass die Brauchbarkeit und die Nutzbarkeit beim Zugang zu bibliographischen Informationen gegeben ist. Die Literaturgeschichtsschreibung bei De Boor / Newald argumentiert geistesgeschichtlich. D. h., sie versucht, literarische Phänomene auf dem Hintergrund großer philosophischer, ideengeschichtlicher Bewegungen – Aufklärung, Empfindsamkeit, Philhellenismus z. B. – oder religiöser Strömungen – etwa Gegenreformation, Pietismus o. Ä. – darzustellen.

Bd. 1: Die deutsche Literatur von Karl dem Großen bis zum Beginn der höfischen Dichtung. Von Helmut de Boor. München ⁹1979.

Bd. 2: Die höfische Literatur. Vorbereitung, Blüte, Ausklang (1170–1250). Von Helmut de Boor. München ¹¹1991.

Bd. 3.1: Die deutsche Literatur im späten Mittelalter. 1250–1350. Epik, Lyrik, Didaktik, geistliche und historische Dichtung. 5., neubearb. Aufl. München 1997.

Bd. 3.2: Die deutsche Literatur im späten Mittelalter. 1250–1350. Reimpaargedichte, Drama, Prosa. Hrsg. von Ingeborg Glier. München 1987.

Bd. 4.1: Vom späten Mittelalter bis zum Barock: Das ausgehende Mittelalter, Humanismus und Renaissance 1370–1520. Von Hans Rupprich. München 1970.

Bd. 4.2: Vom späten Mittelalter bis zum Barock: Das Zeitalter der Reformation 1520–1570. Von Hans Rupprich. München 1972.

Bd. 5: Die deutsche Literatur vom Späthumanismus zur Empfindsamkeit 1570–1750. Von Richard Newald. München ⁶1967.

Bd. 6: Aufklärung, Strum und Drang, Frühe Klassik 1740–1789. Von Sven Aage Jørgensen, Klaus Bohnen und Per Øhrgaard. München 1990.

Bd. 7.1: Deutsche Literatur zwischen Französischer Revolution und Restauration 1789–1830. Das Zeitalter der Französischen Revolution 1789–1806. Von Gerhard Schulz. München 1983.

Bd. 7.2: Deutsche Literatur zwischen Französischer Revolution und Restauration 1789–1830. Das Zeitalter der napoleonischen Kriege und der Restauration 1806–1830. Von Gerhard Schulz. München 1989.

Bd. 8: Deutsche Literatur von 1830–1870. [In Vorb.]

Bd. 9: Geschichte der deutschsprachigen Literatur 1870–1900. Von der Reichsgründung bis zur Jahrhundertwende. Von Peter Sprengel. München 1998.

Bd. 12: Geschichte der deutschen Literatur von 1945 bis zur Gegenwart. Von Wilfried Barner (Hrsg.). München 1994.

Gysi, Klaus / Böttcher, Kurt [u. a.] (Hrsg.): Geschichte der deutschen Literatur von den Anfängen bis zur Gegenwart. 12 Bde. Berlin 1960 ff.

Kohlschmidt, Werner (Hrsg.): Geschichte der deutschen Literatur von den Anfängen bis zur Gegenwart. 5 Bde. Stuttgart 1965–90.

Bd. 1: Vom frühen Mittelalter bis zum Ende des 16. Jahrhunderts. [1980.] Von Max Wehrli.

Bd. 2: Vom Barock bis zur Klassik. [1965.] Von Werner Kohlschmidt.

Bd. 3: Von der Romantik bis zum späten Goethe. [1974.] Von Werner Kohlschmidt.

Bd. 4: Vom jungen Deutschland bis zum Naturalismus. [1975.] Von Werner Kohlschmidt.

Bd. 5: Vom Jugendstil zum Expressionismus. [1978.] Von Herbert Lehnert.

Mehr nicht erschienen.

Burger, H. O. (Hrsg.): Annalen der deutschen Literatur. Geschichte der deutschen Literatur von den Anfängen bis zur Gegenwart. 7 Bde. nebst 2 Erg.-Bdn. [1952.] 2., überarb. Aufl. Stuttgart 1971.

Borries, Ernst von / Borries, Erika von: Deutsche Literaturgeschichte. 12 Bde. München 1991–2003.

Bd. 1: Mittelalter, Humanismus, Reformationszeit, Barock. [1991.]

Bd. 2: Aufklärung und Empfindsamkeit, Sturm und Drang. [1991.]

Bd. 3: Die Weimarer Klassik, Goethes Spätwerk. [1991.]
Bd. 4: Zwischen Klassik und Romantik: Hölderlin, Kleist, Jean Paul. [1993.]
Bd. 5: Romantik. [1997.]
Bd. 6: Frührealismus: 1815–1848. [1992.] Von Wolfgang und Annemarie van Rinsum.
Bd. 7: Realismus und Naturalismus. [1994.] Von Wolfgang und Annemarie van Rinsum.
Bd. 8: Wege in die Moderne 1890–1918. [1997.] Von Ingo Leiss und Hermann Stadler.
Bd. 9: Weimarer Republik 1918–1933. [2003.] Von Ingo Leiss und Hermann Stadler.
Bd. 10: Drittes Reich und Exil 1933–1945. (2000.) Von Paul Riegel und Wolfgang van Rinsum.
Bd. 11: Die Nachkriegszeit 1945–1968. [1995.] Von Heinz Forster und Paul Riegel.
Bd. 12: Die Gegenwart. [1998.] Von Heinz Forster und Paul Riegel.

*

Ehrismann, Gustav: Geschichte der deutschen Literatur bis zum Ausgang des Mittelalters. 2 Tle. in 4 Bdn. München 1918–35. Nachdr. München 1959 [u. ö.].
Schwietering, Julius: Die deutsche Dichtung des Mittelalters. Potsdam 1932. (Handbuch der deutschen Literaturwissenschaft).
Bertau, Karl: Deutsche Literatur im europäischen Mittelalter. 2 Bde. München 1972.
Nagel, Bert: Staufische Klassik. Deutsche Dichtung um 1200. Heidelberg 1977.
Frey, Winfried / Raitz, Walter / Seitz, Dieter (Hrsg.): Einführung in die deutsche Literatur des 12.–16. Jahrhunderts. 3 Bde. Opladen 1979–81.
Bd. 1: Adel und Hof. [1979.]
Bd. 2: Patriziat und Landherrschaft. [1980.]
Bd. 3: Bürgertum und Fürstenstaat. [1981.]
Heinzle, Joachim (Hrsg.): Geschichte der deutschen Lite-

ratur von den Anfängen bis zum Beginn der Neuzeit. Bd. 1 ff. Frankfurt a. M., [später:] Tübingen 1984 ff.

Bisher sind erschienen:

Bd. 1, Tl. 1: Die Anfänge. Versuche volkssprachlicher Schriftlichkeit im frühen Mittelalter (ca. 700–1050/60). [1988.] Von Wolfgang Haubrichs. 2., durchges. Aufl. 1995.

Bd. 1,2: Wiederbeginn volkssprachlicher Schriftlichkeit im hohen Mittelalter (1050/60–1160/70). [1986.] Von Gisela Vollmann-Profe. 2., durchges. Aufl. 1994.

Bd. 2,1: Vom hohen zum späten Mittelalter. Die höfische Literatur der Blütezeit. Von L. Peter Johnson. 1998.

Bd. 2,2: Vom hohen zum späten Mittelalter. Wandlungen und Neuansätze im 13. Jahrhundert (1220/30–1280/90). [1984.] Von Joachim Heinzle. 2., durchges. Aufl. 1994.

Wapnewski, Peter: Deutsche Literatur des Mittelalters. Ein Abriß von den Anfängen bis zum Ende der Blütezeit. 5., bibliogr. erg. Aufl. Göttingen 1990.

Bräuer, Rolf (Hrsg.): Dichtung des europäischen Mittelalters. Ein Führer durch die erzählende Literatur. München 1991.

Nusser, Peter: Deutsche Literatur im Mittelalter. Lebensformen, Wertvorstellungen und literarische Entwicklungen. Stuttgart 1992.

Eine knappere, da einbändige Einführung in die Geschichte der deutschen Literatur vom 8. bis zum 16. Jahrhundert. Der Band führt in die unterschiedlichen Gattungen alt,- mittel- und frühneuhochdeutscher Literatur ein und stellt die wichtigsten Werke der Epoche im sozial- und kulturgeschichtlichen Kontext dar.

Wehrli, Max: Geschichte der deutschen Literatur im Mittelalter. Von den Anfängen bis zum Ende des 16. Jahrhunderts. [1980.] 3., bibliogr. erg. und ern. Aufl. Stuttgart 1997.

Kartschoke, Dieter: Geschichte der deutschen Literatur im frühen Mittelalter. [1989.] 3., aktual. Aufl. München 2000.

Bumke, Joachim: Geschichte der deutschen Literatur im hohen Mittelalter. [1989.] 4., aktual. Aufl. München 2000.

Cramer, Thomas: Geschichte der deutschen Literatur im späten Mittelalter. [1989.] 3., aktual. Aufl. München 2000.

Die drei vorstehenden Bände stellen wohl die empfehlenswerteste Literaturgeschichte des Mittelalters für die studentische Handbibliothek dar. In eine Fülle literar- und kulturhistorischer Bezüge werden alle wichtigen literarischen Dokumente zwischen dem 8. und dem 15. Jahrhundert eingebettet und ihre zeitgenössische und Nachwirkung präsentiert. Der erste Band reicht von der Entwicklung des Deutschen als Schriftsprache bis hin zur geistlichen und weltlichen Literatur am Übergang zum Hochmittelalter. Diesem widmet sich der zweite Band – sowohl mit Blick auf die Kulturen der verschiedenen literarischen Zentren der Zeit (Klöster, Höfe) als auch am Beispiel der »kanonischen« mittelhochdeutschen Texte. Die literarischen Dokumente der spätmittelhochdeutschen und frühneuhochdeutschen Periode werden im dritten Band in den komplexen Zusammenhang sozial-, medien- und bildungsgeschichtlicher Veränderungen bis zum Beginn des 16. Jahrhunderts gestellt.

*

See, Klaus von (Hrsg.): Neues Handbuch der Literaturwissenschaft. 25 Bde. Wiesbaden 1972 ff.

Weltliterarisch umfassend orientiert. Deutsche Literaturgeschichte ist in folgenden Bänden behandelt:
Bd. 6: Europäisches Frühmittelalter. [1985.]
Bd. 7: Europäisches Hochmittelalter. [1981.]
Bd. 8: Europäisches Spätmittelalter. [1978.]
Bde. 9–10: Renaissance und Barock. I–II. [1972.]
Bde. 11–13: Europäische Aufklärung. I–III. [1974–85.]
Bde. 14–16: Europäische Romantik. I–III. [1982–85.]
Bd. 17: Europäischer Realismus. [1980.]
Bde. 18–19: Jahrhundertende – Jahrhundertwende. [1976.]
Bd. 20: Zwischen den Weltkriegen. [1983.]
Bde. 21–22: Literatur nach 1945. I–II. [1979.]

Grimminger, Rolf (Hrsg.): Hansers Sozialgeschichte der deutschen Literatur vom 16. Jahrhundert bis zur Gegenwart. 12 Bde. München 1980 ff.

Erscheint zugleich als Taschenbuch. Bisher sind erschienen:

Bd. 2: Die Literatur des 17. Jahrhunderts. Hrsg. von Albert Meier. [1999.]

Bd. 3. Bürgerliche Aufklärung vom Ende des 17. Jahrhunderts bis zur Französischen Revolution (1680–1789). Hrsg. von Rolf Grimminger. [1979.]

Bd. 4: Klassik und Romantik, deutsche Literatur im Zeitalter der Französischen Revolution 1789–1815. Hrsg. von Gert Ueding. [1987.]

Bd. 5: Zwischen Restauration und Revolution (1915–1848). Hrsg. von Gert Sautermeister und Ulrich Schmid. [1998.]

Bd. 6: Bürgerlicher Realismus und Gründerzeit 1848–1890. Hrsg. von Edward MacInnes und Gerhard Plumpe. [1996.]

Bd. 7: Naturalismus, Fin de siècle, Expressionismus (1890–1918). Hrsg. von York-Gothart Mix. [2000.]

Bd. 8: Literatur der Weimarer Republik (1918–1933). Hrsg. von Bernd Weyergraf. [1995.]

Bd. 10: Literatur in der Bundesrepublik Deutschland bis 1967. Hrsg. von Ludwig Fischer. [1986.]

Bd. 11: Die Literatur der DDR. Hrsg. von Hans-Jürgen Schmitt. [1983.]

Bd. 12: Gegenwartsliteratur seit 1968. Hrsg. von Klaus Briegleb und Sigrid Weigel. [1992.]

Eine mindestens ebenso schätzbare Alternative zur geistesgeschichtlichen Literaturgeschichte bei De Boor / Newald. Literarische Phänomene werden hier eben nicht auf einem philosophischen, ideen- oder religionsgeschichtlichen Hintergrund erläutert, Literatur wird vielmehr zurückgebunden an gesellschaftliche Ereignisse und Bewegungen, an Sozialstrukturen und Ideologien. Das heißt natürlich, dass hier ganz andere Informationen über Autorin oder Autor, über den Text und die einschlägige Forschung und damit auch ganz andere bibliographische Hinweise zu erlangen sind: Aufsätze und Bücher über die großen ökonomischen und sozialgeschichtlichen Hintergrundbewegungen der Literatur in ihrer Geschichte. Hansers Sozialgeschichte weist in jedem einzelnen Band eine ausgreifende Gesamtbibliographie auf, ein Personen-, Werk- und Sachregister, das den gezielten Zugriff auf das versammelte Wissen erleichtert.

Glaser, Horst Albert (Hrsg.): Deutsche Literatur. Eine Sozialgeschichte. 10 Bde. Reinbek bei Hamburg 1980 ff. Erschienen bis Band 9.

Propyläen Geschichte der Literatur. Literatur und Gesellschaft der westlichen Welt. In 6 Bdn. Hrsg. von Erika Wischer. Berlin 1981 ff.

Beschränkt sich nicht auf die deutsche Literatur, sondern thematisiert eher große, oft gesamteuropäisch auftretende epochale Erscheinungen – wie etwa das Geniedenken im 18. Jahrhundert. Einerseits bedingt diese weltliterarische Orientierung eine radikale Verknappung der Darstellung einzelner Texte und Autoren, leistet aber darum gerade in der Darstellung die Literaturen einzelner Sprache weit überschreitender Phänomene Beispielhaftes.

Žmegač, Viktor (Hrsg.) : Geschichte der deutschen Literatur vom 18. Jahrhundert bis zur Gegenwart. 3 Bde. in 4 Tl.-Bdn. Königstein i. Ts. 1979–85. – Als Taschenbuch in 6 Bdn. Königstein i. Ts. 1984/85; als CD-ROM 1999.

Hucke, Karl H. / Korte, Hermann: Literaturgeschichte. Ansichten ihrer pädagogischen Provinz. Paderborn 1985.

Bahr, Ehrhard (Hrsg.): Geschichte der deutschen Literatur. Kontinuität und Veränderung. Vom Mittelalter bis zur Gegenwart. 3 Bde. Tübingen 1987–88. (UTB 1463–1465.)

Fricke, Gerhard / Schreiber, Mathias: Geschichte der deutschen Literatur. Paderborn [20]1988.

Grimm, Gunter E. / Max, Frank Rainer (Hrsg.): Deutsche Dichter. Leben und Werk deutschsprachiger Autoren vom Mittelalter bis zur Gegenwart. 8 Bde. Stuttgart 1988–90. – Auch in durchges. und aktual. Auswahl in einem Band. Stuttgart 1993.

Martini, Fritz: Deutsche Literaturgeschichte. Von den Anfängen bis zur Gegenwart. 19., neu bearb. Aufl. Stuttgart 1991.

Brenner, Peter J.: Neue deutsche Literaturgeschichte. Vom ›Ackermann‹ zu Günter Grass. Tübingen 1996.

Gnüg, Hiltrud / Möhrmann, Renate (Hrsg.): Frauen Literatur Geschichte. Schreibende Frauen vom Mittelalter

bis zur Gegenwart. 2., vollst. neu bearb. und erw. Aufl.
Stuttgart/Weimar 1999.

Beutin, Wolfgang [u. a.]: Deutsche Literaturgeschichte.
Von den Anfängen bis zur Gegenwart. 6., verb. und
erw. Aufl. Stuttgart 2001.

In der Darstellung großer historischer Zusammenhänge liefert
diese brauchbare einbändige Literaturgeschichte v. a. auch wegen ihrer hohen Anschaulichkeit ausreichende Informationen
zu Autoren und Epochen, für die bibliographische Recherche
ist sie allerdings praktisch nicht zu nutzen.

Sørensen, Bengt Algot: Geschichte der deutschen Literatur. 2 Bde. Bd. 1: Vom Mittelalter bis zur Romantik.
München 1997. Bd. 2: Vom 19. Jahrhundert bis zur Gegenwart. 2., aktual. Aufl. München 2002.

Grundkurs Literaturgeschichte:

Frey, Winfried / Raitz, Walter / Seitz, Dieter (Hrsg.): Einführung in die deutsche Literatur des 12. bis 16. Jahrhunderts. 3 Bde. Opladen 1979–81.

Bd. 1: Adel und Hof – 12./13. Jahrhundert. [1979.]
Bd. 2: Patriziat und Landesherrschaft. [1980.]
Bd. 3: Bürgertum und Fürstenstaat. [1981.]

Jansen, Josef: Einführung in die deutsche Literatur des
19. Jahrhunderts. 2 Bde. Opladen 1982–84.

Bd. 1: Restaurationszeit (1815–1848).
Bd. 2: März-Revolution, Reichsgründung und die Anfänge des
Imperialismus.

Schütz, Erhard / Vogt, Jochen [u. a.]: Einführung in die
deutsche Literatur des 20. Jahrhunderts. 3 Bde. Opladen
1977–80.

Bd. 1: Kaiserreich. [1977.]
Bd. 2: Weimarer Republik, Faschismus und Exil. [1978.]
Bd. 3: Bundesrepublik und DDR. [1980.]

*

Baasner, Rainer / Reichard, Georg: Epochen der deutschen
   Literatur. Ein Hypertext-Informationssystem. Stuttgart
   1998 ff.
   [1.] Aufklärung und Empfindsamkeit. [1998.]
   [2.] Sturm und Drang / Klassik. [1999.]
   [3.] Romantik. [2000.]
   Als Datenbank in vielen Universitätsbibliotheken zugänglich.

*

Hauser, Arnold: Sozialgeschichte der Kunst und Literatur.
   [1953.] München 1983.
Nürnberger, Helmuth: Geschichte der deutschen Literatur
   24., überarb. und aktual. Aufl. München 1992.
Žmegač, Viktor (Hrsg.): Kleine Geschichte der deutschen
   Literatur. Weinheim ³1993.
Rothmann, Kurt: Kleine Geschichte der deutschen Literatur. Stuttgart ¹⁵1997. (Reclams Universal-Bibliothek.
   9906.)
Watanabe-O'Kelly, Helen (Hrsg.): The Cambridge History of German Literature. Cambridge 1997.
Meid, Volker: Metzler Literatur-Chronik. Werke deutschsprachiger Autoren. 2., erw. Aufl. Stuttgart/Weimar
   1998.
Frenzel, Herbert A. / Frenzel, Elisabeth: Daten deutscher
   Dichtung. Chronologischer Abriß der deutschen Literaturgeschichte. Von den Anfängen bis zur Gegenwart.
   2 Bde. [1953.] München ³³2001.
Schlaffer, Heinz: Die kurze Geschichte der deutschen Literatur. München 2002.

m) Epochenmonographien

Neben den Literaturgeschichten gibt es eine im Blick sowohl
auf Hintergrundinformationen als auch auf bibliographische
Angaben vorzüglich nutzbare große Gruppe literatur-

wissenschaftlicher Werke: die meist nicht so umfänglichen
(und deswegen oft preisgünstigeren) Epochenmonographien. Hier werden in zumeist überschaubarem Umfang die
zeit-, philosophie- und literaturgeschichtlichen Implika-
tionen eines Epochenbegriffes entfaltet. Die folgende Auf-
stellung kann bei der Fülle der verfügbaren Titel natürlich
nur eine Auswahl sein; die Anordnung versucht, zumindest
ungefähr, der literarhistorischen Chronologie zu folgen.

Krauss, Henning: Europäisches Hochmittelalter. Wiesbaden
   1981. (Neues Handbuch der Literaturwissenschaft. 7.)
Kaiser, Gert [u. a.] (Hrsg.): Höfische Literatur. Hofgesell-
   schaft. Höfische Lebensformen um 1200. Düsseldorf
   1986.
Ong, Walter J.: Oralität und Literalität. Die Technologi-
   sierung des Wortes. Opladen 1987.
Fleckenstein, Josef (Hrsg.): Curialitas. Studien zu Grundfragen der höfisch-ritterlichen Kultur. Göttingen 1990.
Wenzel, Horst: Hören und Sehen, Schrift und Bild. Kultur
   und Gedächtnis im Mittelalter. München 1995.
Faulstich, Werner: Medien und Öffentlichkeiten im Mittelalter (800–1400). Göttingen 1996. (Die Geschichte
   der Medien. 2.)
Bumke, Joachim: Höfische Kultur. Literatur und Gesellschaft im hohen Mittelalter. Neuauflage München 1999.
Paravicini, Werner: Die ritterlich-höfische Kultur des Mittelalters. München ²1998.
Jaeger, Stephen C.: Die Entstehung höfischer Kultur: vom
   höfischen Bischof zum höfischen Ritter. Aus dem Ame-
   rikan. übers. von Sabine Hellwig-Wagnitz. Berlin 2001.
   (Philologische Studien und Quellen. 167.)

*

Könneker, Barbara: Die deutsche Literatur der Reformationszeit. Kommentar zu einer Epoche. München 1975.

Bernstein, Eckhard: Die Literatur des deutschen Frühhumanismus. Stuttgart 1978. (Sammlung Metzler. 168.)

Faulstich, Werner: Medien zwischen Herrschaft und Revolte. Die Medienkultur der frühen Neuzeit (1400–1700). Göttingen 1998. (Die Geschichte der Medien. 3.)

*

Gaede, Friedrich: Humanismus, Barock, Aufklärung. Geschichte der deutschen Literatur vom 16. bis zum 18. Jahrhundert. Bern/München 1971. (Handbuch der deutschen Literaturgeschichte. Abt. 1. Darstellungen. Bd. 2.)

Hoffmeister, Gerhart: Deutsche und europäische Barockliteratur. Stuttgart 1987. (Sammlung Metzler. 234.)

Trunz, Erich: Deutsche Literatur zwischen Späthumanismus und Barock. Acht Studien. München 1995.

Szyrocki, Marian: Die deutsche Literatur des Barock. Eine Einführung. Stuttgart 1997. (Reclams Universal-Bibliothek. 9924.)

Niefanger, Dirk: Barock. Lehrbuch Germanistik. Stuttgart/Weimar 2000.

Alt, Peter-André: Aufklärung. Lehrbuch Germanistik. Stuttgart/Weimar 1996.

Hofmann, Michael: Aufklärung. Stuttgart 1999. (Reclams Universal-Bibliothek. 17616.)

Baasner, Rainer / Reichard, Georg: Epochen der deutschen Literatur. Aufklärung und Empfindsamkeit. Ein Hypertext-Informationssystem. Stuttgart 1998.

*

Sauder, Gerhard: Empfindsamkeit. 3 Bde. Stuttgart 1974 ff.

Pascal, Roy: Der Sturm und Drang. Stuttgart ²1977.

Kaiser, Gerhard: Aufklärung, Empfindsamkeit, Sturm und Drang. Tübingen ⁵1996.

Hinck, Walter (Hrsg.): Sturm und Drang. Ein literaturwissenschaftliches Studienbuch. 2., durchges. Aufl. Kronberg 1989.

Luserke, Matthias: Sturm und Drang. Autoren – Texte – Themen. Stuttgart 1997. (Reclams Universal-Bibliothek. 17602.)

Baasner, Reiner / Reichard, Georg: Epochen der deutschen Literatur. Sturm und Drang / Klassik. Ein Hypertext-Informationssystem. Stuttgart 1999.

*

Conrady, Karl Otto (Hrsg.): Deutsche Literatur zur Zeit der Klassik. Stuttgart 1977.

Lange, Victor: Das klassische Zeitalter der deutschen Literatur. 1740–1815. Darmstadt 1983.

Eichner, Hans: Deutsche Literatur im klassisch-romantischen Zeitalter I: 1795–1805. Tl. 1. Bern 1990.

Borchmeyer, Dieter: Weimarer Klassik. Portrait einer Epoche. Weinheim 1994.

*

Ribbat, Ernst (Hrsg.): Romantik. Ein literaturwissenschaftliches Studienbuch. Königstein i. Ts. 1979.

Hoffmeister, Gerhart: Deutsche und europäische Romantik. Stuttgart ²1990. (Sammlung Metzler. 170.)

Müller, Gerd: Deutsche Literatur im 19. Jahrhundert. Bd. 1: 1800–1848. Bd. 2: 1848 – ca. 1880. Bern 1990–97.

Koopmann, Helmut: Das junge Deutschland. Eine Einführung. Darmstadt 1993.

Kremer, Detlef: Romantik. Lehrbuch Germanistik. Stuttgart/Weimar 2001.

*

Sengle, Friedrich: Biedermeierzeit. Deutsche Literatur im Spannungsfeld zwischen Restauration und Revolution. 1815–1848. Stuttgart 1971–80.
> Bd. 1: Allgemeine Voraussetzungen, Richtungen, Darstellungsmittel.
> Bd. 2: Die Formenwelt.
> Bd. 3: Die Dichter.

Hasubek, Peter: Vom Biedermeier zum Vormärz. Arbeiten zur deutschen Literatur zwischen 1820 und 1850. Frankfurt a. M. 1996.

Labuhn, Wolfgang: Literatur und Öffentlichkeit im Vormärz. Das Beispiel Ludwig Boerne. Königstein/Ts. 1980.

Sterk, Harald: Biedermeier : Vormärz – eine Epoche der Gegensätze. Zwischen schönem Schein und sozialer Wirklichkeit, zwischen Idylle und sich anbahnender Revolution, zwischen Freiheitsdurst und Zensur. Wien 1988.

Seibert, Peter: Der literarische Salon. Literatur und Geselligkeit zwischen Aufklärung und Vormärz. Stuttgart/Weimar 1993.

Brandes, Helga (Red.): Autorinnen des Vormärz. Bielefeld 1997.

Kircher, Hartmut (Hrsg.): Literatur und Politik in der Heine-Zeit. Die 48er Revolution in Texten zwischen Vormärz und Nachmärz. Köln 1998.

Eke, Norbert Otto (Hrsg.): Vormärz – Nachmärz. Bruch oder Kontinuität? Bielefeld 2000.

Vogt, Michael (Red.): Literaturkonzepte im Vormärz. Bielefeld 2001.

Martini, Fritz: Deutsche Literatur im bürgerlichen Realismus. Stuttgart [4]1981.

Cowen, Roy C.: Der poetische Realismus. Kommentar zu einer Epoche. München 1985.

Aust, Hugo: Literatur des Realismus. 3., überarb. und aktual. Aufl. Stuttgart/Weimar 2000. (Sammlung Metzler. 157.)

Hamann, Richard / Hermand, Jost: Naturalismus. Berlin
1959. (Deutsche Kunst und Kultur von der Gründerzeit
bis zum Expressionismus. 2). – München 1972. (Epochen der deutschen Kultur von 1870 bis zur Gegenwart. 2.)

Soergel, Albert / Hohoff, Curt: Dichtung und Dichter der
Zeit. Vom Naturalismus bis zur Gegenwart. Bd. 1: Vom
Naturalismus bis zum beginnenden Expressionismus.
Neubearb. Aufl. Düsseldorf 1963.

Hamann, Richard / Hermand, Jost: Gründerzeit. Berlin
1965. (Deutsche Kunst und Kultur von der Gründerzeit bis zum Expressionismus. 1). – München 1971 (Epochen der deutschen Kultur von 1870 bis zur Gegenwart. 1.)

Just, Klaus Günter: Von der Gründerzeit bis zur Gegenwart. Geschichte der deutschen Literatur seit 1871.
Bern/München 1973. (Handbuch der deutschen Literaturgeschichte. Abt. 1. Darstellungen. Bd. 4.)

Cowen, Roy C.: Der Naturalismus. Kommentar zu einer
Epoche. 3., bibliogr. erw. Aufl. München 1981.

Mahal, Günther: Naturalismus. München ^{3}1996. (UTB
363.)

*

Hamann, Richard / Hermand, Jost: Impressionismus. Berlin 1960. (Deutsche Kunst und Kultur von der Gründerzeit bis zum Expressionismus. 3). – München 1972.
(Epochen der deutschen Kultur von 1870 bis zur Gegenwart. 3.)

Hamann, Richard / Hermand, Jost: Stilkunst um 1900.
Berlin 1967. (Deutsche Kunst und Kultur von der
Gründerzeit bis zum Expressionismus. 4). – München
1973 (Epochen der deutschen Kultur von 1870 bis zur
Gegenwart. 4.)

Fischer, Jens Malte: Fin de siècle. Kommentar zu einer
Epoche. München 1978.

Jost, Dominik: Literarischer Jugendstil. Stuttgart ²1980. (Sammlung Metzler. 81.)

Hoffmann, Paul: Symbolismus. München 1987. (UTB 526.)

Fischer, Jens Malte: Jahrhundertdämmerung. Ansichten eines anderen Fin de siècle. Wien 2000.

Mennemeier, Franz Norbert: Literatur der Jahrhundertwende. Europäisch-deutsche Literaturtendenzen 1870–1910. 2 Bde. 2., verb. und erw. Aufl. Berlin 2001.

*

Soergel, Albert / Hohoff, Curt: Dichtung und Dichter der Zeit. Vom Naturalismus bis zur Gegenwart. Bd. 2 (Von 1910 bis in die fünfziger Jahre). Neubearb. Aufl. Düsseldorf 1963.

Mann, Otto / Rothe, Wolfgang (Hrsg.): Deutsche Literatur im 20. Jahrhundert. 5., veränd. und erw. Aufl. Bern/München 1967.
Bd. 1: Strukturen.
Bd. 2: Gestalten.

Berg, Jan [u. a.]: Sozialgeschichte der deutschen Literatur von 1918 bis zur Gegenwart. Frankfurt a. M. 1981.

Sokel, Walter H.: Der literarische Expressionismus. Der Expressionismus in der deutschen Literatur des zwanzigsten Jahrhunderts. Mit erw. Bibliogr. München 1970.

Hamann, Richard / Hermand, Jost: Expressionismus. Berlin 1975. (Deutsche Kunst und Kultur von der Gründerzeit bis zum Expressionismus. 5). – München 1976 (Epochen der deutschen Kultur von 1870 bis zur Gegenwart. 5.)

Rothe, Wolfgang: Der Expressionismus. Theologische, soziologische und anthropologische Aspekte einer Literatur. Frankfurt a. M. 1977.

Vietta, Silvio / Kemper, Hans-Georg: Expressionismus. München ⁶1997. (UTB 362.)

Paulsen, Wolfgang: Deutsche Literatur des Expressionismus. 2., überarb. Aufl. Berlin 1998.

Fähnders, Walter (Hrsg.): Expressionistische Prosa. Bielefeld 2001.

*

Fähnders, Walter: Avantgarde und Moderne 1890–1933.
Stuttgart/Weimar 1998.
Philipp, Eckhard: Dadaismus. Einführung in den literarischen Dadaismus und die Wortkunst des ›Sturm‹-Krei-
ses. München 1980. (UTB 527.)
Rothe, Wolfgang (Hrsg.): Deutsche Literatur in der Wei-
marer Republik. Stuttgart 1974.
Fähnders, Walter: Proletarisch-revolutionäre Literatur der
Weimarer Republik. Stuttgart 1977. (Sammlung Metzler.
158.)
Ketelsen, Uwe K.: Völkisch-nationale und nationalsozia-
listische Literatur in Deutschland. 1890–1945. Stuttgart
1976. (Sammlung Metzler. 142.)
Denkler, Horst / Prümm, Karl (Hrsg.): Deutsche Literatur im Dritten Reich. Stuttgart 1976.
Schoeps, Karl-Heinz: Literatur im Dritten Reich
(1933–1945). 2., überarb. und erg. Aufl. Berlin 2000.
Durzak, Manfred: Deutsche Exilliteratur 1933 bis 1945.
Stuttgart 1973.
Walter, Hans Albert: Deutsche Exilliteratur 1933–1950.
Bd. 1: Bedrohung und Verfolgung bis 1933. Bd. 2: Asyl-
praxis und Lebensbedingungen in Europa. Bd. 7: Exil-
presse. Neuwied 1972–73. – [Dasselbe in erw. Neu-
ausg.:] Bd. 2: Europäisches Appeasement und übersee-
ische Asylpraxis (1938–1941). Bd. 3: Internierung,
Flucht und Lebensbedingungen im 2. Weltkrieg. Bd. 4:
Exilpresse. Stuttgart 1978–88.
Trapp, Frithjof: Literatur im Exil. Bern 1983.
Koepke, Wulf / Winkler, Michael (Hrsg.): Exilliteratur
1933–1945. Darmstadt 1989.

Weber, Dietrich (Hrsg.): Deutsche Literatur der Gegenwart. 2 Bde. Stuttgart 1968–77.

Koebner, Thomas (Hrsg.): Tendenzen der deutschen Gegenwartsliteratur. Stuttgart 1971.

Kindlers Literaturgeschichte der Gegenwart in Einzelbänden. Autoren, Werke, Themen, Tendenzen seit 1945. Zürich/München 1971–78.
  Bd. 1: Die Literatur der Bundesrepublik Deutschland. Hrsg. von Dieter Lattmann. [1973.]
  Bd. 2: Die Literatur der Deutschen Demokratischen Republik. Hrsg. von Konrad Franke. [1971.]
  Bd. 3: Die zeitgenössische Literatur Österreichs. Hrsg. von Hilde Spiel. [1976.]
  Bd. 4: Die zeitgenössischen Literaturen der Schweiz. Hrsg. von Manfred Gsteiger. [1974.]
  Bd. 5: Die deutschsprachige Sachliteratur. Hrsg. von Rudolf Radler. [1978.]

Kindlers Literaturgeschichte der Gegenwart. 11 Bde. und Reg.-Bd. Frankfurt a. M. 1980.
  Aktuellere und erweiterte Taschenbuchausgabe der zuvor genannten Literaturgeschichte.

Brettschneider, Werner: Zwischen literarischer Autonomie und Staatsdienst. Die Literatur der DDR. Berlin ³1980.

Durzak, Manfred (Hrsg.): Deutsche Gegenwartsliteratur. Ausgangspositionen und aktuelle Entwicklungen. Stuttgart 1981.

Scharfschwerdt, Jürgen: Literatur und Literaturwissenschaft in der DDR. Eine historisch-kritische Einführung. Stuttgart 1982.

Schnell, Ralf: Geschichte der deutschsprachigen Literatur seit 1945. 2., erw. Aufl. Stuttgart/Weimar 2000.

n) Gattungsmonographien

Neben Epochen- und Autorenmonographien geben zumal die Gattungsmonographien Auskunft über die Geschichte einer literarischen Gattung von ihrem (möglicherweise antiken) Ursprung bis in die Gegenwart, erläu-
tern ihre historisch je unterschiedliche Kompositorik und
verweisen auf eine Fülle einschlägiger Forschungsliteratur.
Auch hier kann die folgende Liste nur eine Auswahl darstellen.

Allgemeine Gattungspoetik

Martini, Fritz: Poetik. In: Deutsche Philologie im Aufriß.
Hrsg. von Wolfgang Stammler. Bd. 1. Berlin 1960. Sp.
223–280.

Staiger, Emil: Grundbegriffe der Poetik. [1946.] Zürich
[8]1968.

Körner, Josef: Einführung in die Poetik. [1949.] Frankfurt
a. M. [3]1968.

Böckmann, Paul: Formgeschichte der deutschen Dichtung. Bd. 1: Von der Sinnbildsprache zur Ausdrucks-
sprache. Der Wandel der literarischen Formenspra-
che vom Mittelalter zur Neuzeit. [1949.] Hamburg
[4]1973.

Conrady, Karl Otto [u. a.] (Hrsg.): Textsorten und literarische Gattungen. Dokumentation des Germanistentages in Hamburg vom 1. bis 4. April 1979. Berlin
1983.

Hamburger, Käte: Die Logik der Dichtung. [1957.] 4.,
veränd. Aufl. Stuttgart 1994.

Braak, Ivo: Gattungsgeschichte deutschsprachiger Dich-
tung in Stichworten. Kiel 1975–81. [Bd. 2d:] 1995.
  Bd. 1a: Dramatik: Antike bis Romantik. 2., durchges. Aufl.
  [1981.]
  Bd. 1b: Dramatik: Biedermeier bis Gegenwart. 2., durchges.
  Aufl. [1981.]

Bd. 2a: Lyrik: Von der Antike bis 1600. [1978.]

Bd. 2b: Lyrik: Vom Barock bis zur Romantik. [1979.]

Bd. 2c: Lyrik: Vom Biedermeier bis zum Expressionismus. [1981.]

Bd. 2d: [Verf.: Martin Neubauer:] Lyrik des 20. Jahrhunderts – vom Expressionismus bis in die 90er Jahre. [1995.]

Bleissem, Isabella / Reissner, Hanns P.: Uni-Training Neuere deutsche Literaturwissenschaft. Gattungen – Literarische Texte in typologischer Sicht. Stuttgart 1996.

Petersen, Jürgen H.: Fiktionalität und Ästhetik. Eine Philosophie der Dichtung. Berlin 1996.

Jung, Werner: Kleine Geschichte der Poetik. Hamburg 1997.

Petersen, Jürgen H.: Mimesis – Imitatio – Nachahmung. Eine Geschichte der europäischen Poetik. München 2000. (UTB 8191.)

Lyrik

Kolb, Herbert: Der Begriff der Minne und das Entstehen der höfischen Lyrik. Tübingen 1958.

Maurer, Friedrich (Hrsg.): Zum deutschen Minnesang. Stuttgart 1967. (Der Deutschunterricht. 19,2.)

Müller, Ulrich: Untersuchungen zur politischen Lyrik des deutschen Mittelalters. Göppingen 1974. (Göppinger Arbeiten zur Germanistik. 55/56.)

Wenzel, Horst: Frauendienst und Gottesdienst. Studien zur Minne-Ideologie. Berlin 1974. (Philologische Studien und Quellen. 74.)

Bergner, Heinz (Hrsg.): Lyrik des Mittelalters I/II. Probleme und Interpretationen. Stuttgart 1983. (Reclams Universal-Bibliothek. 7896. 7897.)

Fromm, Hans (Hrsg.): Der deutsche Minnesang. Aufsätze zu seiner Erforschung. Darmstadt ⁵1985. (Wege der Forschung. 15.)

Müller, Ulrich (Hrsg.): Minne ist ein swaerez Spil. Neue Untersuchungen zum Minnesang und zur Geschichte der Liebe im Mittelalter. Göppingen 1986. (Göppinger Arbeiten zur Germanistik. 440.)

Räkel, Hans Herbert: Der deutsche Minnesang. Eine Einführung mit Texten und Materialien. München 1986. (Becksche Elementarbücher.)

Eikelmann, Manfred: Denkformen im Minnesang. Untersuchungen zu Aufbau, Erkenntnisleistung und Anwendungsgeschichte konditionaler Strukturmuster im Minnesang bis um 1300. Tübingen 1988.

Schweikle, Günther: Minnesang. Stuttgart 1988. (Sammlung Metzler. 244.)

Weil, Bernd A.: Der deutsche Minnesang. Entstehung und Begriffsdeutung. Frankfurt a. M. 1993.

Schweikle, Günther: Minnesang in neuer Sicht. Stuttgart/ Weimar 1994.

Edwards, Cyril (Hrsg.): Lied im deutschen Mittelalter. Überlieferung, Typen, Gebrauch. Chiemsee-Colloquium 1991. Tübingen 1996.

Hensel, Andreas: Vom frühen Minnesang zur Lyrik der Hohen Minne. Studien zum Liebesbegriff und zur literarischen Konzeption der Autoren Kürenberger, Dietmar von Aist, Meinloh von Sevelingen, Burggraf von Rietenburg, Friedrich von Hausen und Rudolf von Fenis. Frankfurt a. M. 1997.

Cramer, Thomas / Kasten, Ingrid (Hrsg.): Mittelalterliche Lyrik: Probleme der Poetik. Berlin 1999.

Haferland, Harald: Hohe Minne. Zur Beschreibung der Minnekanzone. Berlin 2000. (Beihefte zur Zeitschrift für deutsche Philologie. 10.)

Müller, Jan-Dirk: Minnesang und Literaturtheorie. Tübingen 2001.

*

Höllerer, Walter (Hrsg.), Theorie der modernen Lyrik. Reinbek bei Hamburg 1965.

Hinck, Walter: Die deutsche Ballade von Bürger bis Brecht. Kritik und Versuch einer Neuorientierung. Göttingen ³1978.

Friedrich, Hugo: Die Struktur der modernen Lyrik. Von der Mitte des 19. bis zur Mitte des 20. Jahrhunderts. Erw. Neuausg. Reinbek 1985.

Kemper, Hans-Georg: Deutsche Lyrik der frühen Neuzeit. Tübingen 1987 ff.
Bd. 1: Epochen- und Gattungsprobleme. Reformationszeit.
Bd. 2: Konfessionalismus.
Bd. 3: Barock – Mystik.
Bd. 4: Barock – Humanismus. [Noch nicht erschienen.]
Bd. 5.1: Aufklärung und Pietismus.
Bd. 5.2: Frühaufklärung.
Bd. 6.1: Empfindsamkeit.
Bd. 6.2: Sturm und Drang. [Noch nicht erschienen.]

Grimm, Reinhold (Hrsg.): Zur Lyrik-Diskussion. Darmstadt ³1987 (Wege der Forschung. 111.)

Kaiser, Gerhard: Geschichte der deutschen Lyrik von Goethe bis zur Gegenwart. Ein Grundriß in Interpretationen. Mit einem Textbeiheft. 2 Bde. Frankfurt a. M. 1988–90.
Bd. 1: Von Goethe bis Heine.
Bd. 2. Von Heine bis zur Gegenwart.

Korte, Hermann: Geschichte der deutschen Lyrik seit 1945. Stuttgart 1989. (Sammlung Metzler. 250.)

Völker, Ludwig (Hrsg.): Lyriktheorie. Texte vom Barock bis zur Gegenwart. Stuttgart 1990. (Reclams Universal-Bibliothek. 8657.)

Lamping, Dieter: Moderne Lyrik. Eine Einführung. Göttingen 1991.

Killy, Walther: Wandlungen des lyrischen Bildes. [1956.] 8., neubearb. Aufl. Göttingen 1998.

Hoffmann, Dieter: Arbeitsbuch Deutschsprachige Lyrik seit 1945. Tübingen 1998. (UTB 2037.)

Lamping, Dieter: Das lyrische Gedicht. Definitionen zu Theorie und Geschichte der Gattung. Göttingen ³2000.

Hinderer, Walter (Hrsg.): Geschichte der deutschen Lyrik vom Mittelalter bis zur Gegenwart. 2., erw. Aufl. Würzburg 2001.

Hoffmann, Dieter: Arbeitsbuch Deutschsprachige Lyrik 1880 bis 1916. Vom Naturalismus bis zum Expressionismus. Tübingen 2001. (UTB 2199.)

Hoffmann, Dieter: Arbeitsbuch Deutschsprachige Lyrik 1916 bis 1945. Vom Dadaismus bis zum Ende des Zweiten Weltkriegs. Tübingen 2002. (UTB 2200.)

Drama

Stammler, Wolfgang: Das religiöse Drama im deutschen Mittelalter. Leipzig 1925.

Catholy, Eckehard: Das Fastnachtsspiel im späten Mittelalter. Tübingen 1961.

Grünberg, Alexander: Das religiöse Drama des Mittelalters. Österreich, Deutschland, Schweiz. Wien 1966.

Catholy, Eckehard: Fastnachtspiel. Stuttgart 1966. (Sammlung Metzler. 56.)

Borcherdt, Hans Heinrich: Das europäische Theater im Mittelalter und in der Renaissance. [1935.] Reinbek bei Hamburg 1969.

Steinbach, Rolf: Die deutschen Oster- und Passionsspiele des Mittelalters. Versuch einer Darstellung und Wesensbestimmung. Nebst einer Bibliographie zum deutschen geistlichen Spiel des Mittelalters. Köln/Wien 1970.

Michael, Wolfgang F.: Das deutsche Drama des Mittelalters. Berlin 1971. (Grundriß der germanischen Philologie. 20.)

Merkel, Johannes: Form und Funktion der Komik im Nürnberger Fastnachtsspiel. Freiburg i. Br. 1971.

Bergmann, Rolf: Studien zu Entstehung und Geschichte der deutschen Passionsspiele des 13. und 14. Jahrhunderts. München 1972.

Brett-Evans, David: Von Hrotsvit bis Folz und Gengenbach. Eine Geschichte des mittelalterlichen Dramas. 2 Bde. Berlin 1975.

Bd. 1: Von der liturgischen Feier zum volkssprachlichen Spiel.
Bd. 2: Religiöse und weltliche Spiele des Spätmittelalters.

Schmid, Rainer H.: Raum, Zeit und Publikum des geistlichen Spiels. Aussage und Absicht eines mittelalterlichen Massenmediums. München 1975.

Mehler, Ulrich: ›Dicere‹ und ›cantare‹. Musikalische Terminologie und Aufführungsform des geistlichen Dramas im deutschen Mittelalter. Köln/Wien 1981.

Bastian, Hagen: Mummenschanz. Sinneslust und Gefühlsbeherrschung im Fastnachtspiel des 15. Jahrhunderts. Frankfurt a. M. 1983.

Michael, Wolfgang F.: Das deutsche Drama der Reformationszeit. Bern 1984.

Keller, Elisabeth: Die Darstellung der Frau in Fastnachtspiel und Spruchdichtung von Hans Rosenplüt und Hans Folz. Frankfurt a. M. 1992.

Spiewok, Wolfgang: Das deutsche Fastnachtspiel. Ursprung, Funktionen, Aufführungspraxis. [o. O.] 1993.

Mehler, Ulrich (Hrsg.): Mittelalterliches Schauspiel. Festschrift für Hansjürgen Linke zum 65. Geburtstag. Amsterdam 1994.

*

Szondi, Peter: Theorie des modernen Dramas. Frankfurt a. M. 1956.

Ziegler, Klaus: Das deutsche Drama der Neuzeit. In: Deutsche Philologie im Aufriß. Hrsg. von Wolfgang Stammler. Bd. 2. Berlin 1960. Sp. 1997–2350.

Mann, Otto: Geschichte des deutschen Dramas. [1960.] Stuttgart [3]1969.

Denkler, Horst: Restauration und Revolution. Politische Tendenzen im deutschen Drama zwischen Wiener Kongress und Märzrevolution. München 1973.

Hinck, Walter: Das moderne Drama in Deutschland. Vom expressionistischen zum dokumentarischen Theater. Göttingen 1973.

Dietrich, Margret: Das moderne Drama. Strömungen, Gestalten, Motive. [1961.] Stuttgart ³1974.

Keller, Werner (Hrsg.): Beiträge zur Poetik des Dramas. Darmstadt 1976.

Martini, Fritz: Geschichte im Drama – Drama in der Geschichte. Spätbarock, Sturm und Drang, Klassik, Frührealismus. Stuttgart 1979.

Denkler, Horst: Drama des Expressionismus. Programm – Spieltext – Theater. 2., verb. und erw. Aufl. München 1979.

Hinck, Walter (Hrsg.): Handbuch des deutschen Dramas. Düsseldorf 1980.

Mennemeier, Franz N. / Trapp, Frithjof: Deutsche Exildramatik. 1933 bis 1950. München 1980.

Grimm, Reinhold (Hrsg.): Deutsche Dramentheorien. Beiträge zu einer historischen Poetik des Dramas in Deutschland. 2 Bde. Wiesbaden ³1980–81.

Kafitz, Dieter: Grundzüge einer Geschichte des deutschen Dramas von Lessing bis zum Naturalismus. 2 Bde. Frankfurt a. M. 1982.

Cowen, Roy C.: Das deutsche Drama im 19. Jahrhundert. Stuttgart 1988. (Sammlung Metzler. 247.)

Kafitz, Dieter (Hrsg.): Drama und Theater der Jahrhundertwende. Tübingen 1991.

Brauneck, Manfred / Schneilin, Gérard (Hrsg.): Theaterlexikon I. Begriffe und Epochen, Bühnen und Ensembles. 3., vollst. überarb. Ausg. Reinbek bei Hamburg 1992. Ein zweiter Band über Personen ist angekündigt.

Brauneck, Manfred: Die Welt als Bühne. Geschichte des europäischen Theaters. 5 Bde. Stuttgart/Weimar 1993–2002.
    Bd. 1: Antike – Mittelalter – Humanismus und Renaissance. [1993.]

Bd. 2: Renaissance und Aufklärung – 18. Jahrhundert. [1996.]

Bd. 3: 19. Jahrhundert und Jahrhundertwende. [1999.]

Bd. 4: 20. Jahrhundert. [2002.]

Bd. 5: Register und Materialien. [2002.]

Sucher, Curt B. (Hrsg.): Theaterlexikon. Autoren, Regisseure, Schauspieler, Dramaturgen, Bühnenbildner, Kritiker. München 1995.

Klotz, Volker: Geschlossene und offene Form im Drama. [1960.] München ^{14}1999.

Fischer-Lichte, Erika: Geschichte des Dramas. Epochen der Identität auf dem Theater von der Antike bis zur Gegenwart. 2., überarb. Aufl. Tübingen/Basel 1999.

Bd. 1: Von der Antike bis zur deutschen Klassik. (UTB 1565.)

Bd. 2: Von der Romantik bis zur Gegenwart. (UTB 1566.)

Trapp, Frithjof [u. a.] (Hrsg.): Handbuch des deutschsprachigen Exiltheaters 1933–1945. 2 Bde. München 1999.

Bd. 1: Verfolgung und Exil deutschsprachiger Theaterkünstler. Bearb. von Ingrid Maass und Michael Philipp.

Bd. 2: Biographisches Lexikon der Theaterkünstler. 2 Tle.

Zu einzelnen dramatischen Gattungen

Klotz, Volker: Bürgerliches Lachtheater. Komödie – Posse – Schwank – Operette. Reinbek 1987.

Mainusch, Herbert (Hrsg.): Europäische Komödie. Darmstadt 1990.

Greiner, Bernhard: Die Komödie. Eine theatralische Sendung: Grundlagen und Interpretation. Tübingen 1992. (UTB 1665.)

Spies, Bernhard: Die Komödie in der deutschsprachigen Literatur des Exils. Ein Beitrag zur Geschichte und Theorie des komischen Dramas im 20. Jahrhundert. Würzburg 1997.

Japp, Uwe: Die Komödie der Romantik. Typologie und Überblick. Tübingen 1999.

*

Mann, Otto: Poetik der Tragödie. Tübingen 1958.
Steiner, George: Der Tod der Tragödie. Frankfurt a. M. 1981.
Alt, Peter-André: Tragödie der Aufklärung. Eine Einführung. Tübingen 1994.
Rochow, Christian: Das Drama hohen Stils. Aufklärung und Tragödie in Deutschland (1730–1790). Heidelberg 1994.
Gelfert, Hans-Dieter: Die Tragödie. Theorie und Geschichte. Göttingen 1995.
Rochow, Christian Erich: Das bürgerliche Trauerspiel. Stuttgart 1999. (Reclams Universal-Bibliothek. 17617.)

*

Hein, Jürgen: Theater und Gesellschaft. Das Volksstück im 19. und 20. Jahrhundert. Düsseldorf 1973.
Dosenheimer, Elise: Das deutsche soziale Drama von Lessing bis Sternheim. [1949.] Darmstadt 1974.
Melchinger, Siegfried: Geschichte des politischen Theaters. 2 Bde. Frankfurt a. M. 1974.
Müller, Gerd: Das Volksstück von Raimund bis Kroetz. Die Gattung in Einzelanalysen. München 1979.
Aust, Hugo / Haida, Peter / Hein, Jürgen: Volksstück. Vom Hanswurstspiel zum sozialen Drama der Gegenwart. München 1989.
Schmitz, Thomas: Das Volksstück. Stuttgart 1990. (Sammlung Metzler. 257.)
Herzmann, Herbert: Tradition und Subversion. Das Volksstück und das epische Theater. Tübingen 1997.

*

Grimm, Reinhold (Hrsg.): Episches Theater. Köln ³1972.
Sengle, Friedrich: Das historische Drama in Deutschland. Geschichte eines literarischen Mythos. Stuttgart ³1974.

Barton, Brian: Das Dokumentartheater. Stuttgart 1987. (Sammlung Metzler. 232.)

Kesting, Marianne: Das epische Theater. Zur Struktur des modernen Dramas. [1959.] Stuttgart [8]1989.

*

Picard, Hans Rudolf: Wie absurd ist das absurde Theater? Konstanz 1978.

Esslin, Martin. Das Theater des Absurden. Von Beckett bis Pinter. [1965.] Reinbek bei Hamburg [17]1996.

Lehmann, Hans-Thies: Postdramatisches Theater. Frankfurt a. M. 1999.

Epik / Erzählende Prosa

Haubrichs, Wolfgang (Hrsg.): Erzählforschung. Theorien, Modelle und Methoden der Narrativik. 3 Bde. Göttingen 1976–78.

Klopfer, Rolf / Janetzke-Dillner, Gisela (Hrsg.): Erzählung und Erzählforschung im 20. Jahrhundert. Tagungsbeiträge eines Symposiums der Alexander-von-Humboldt-Stiftung 1980. Stuttgart 1981.

Lämmert, Eberhard (Hrsg.): Erzählforschung. Ein Symposion. Stuttgart 1982.

Petersen, Jürgen H.: Erzählsysteme. Eine Poetik erzählender Texte. Stuttgart 1993.

Weber, Dietrich: Erzählliteratur. Schriftwerk, Kunstwerk, Erzählwerk. Göttingen 1998. (UTB 2065.)

Genette, Gérard: Die Erzählung. Hrsg. von Jochen Vogt. Aus dem Frz. von Andreas Knop. München [2]1998.

Wagner, Karl (Hrsg.): Erzähltheorie des 20. Jahrhunderts. Stuttgart 2001 (UTB 2248.)

Martinez, Matias / Scheffel, Michael: Einführung in die Erzähltheorie. München [3]2002.

Zu einzelnen erzählenden Gattungen

Köhler, Erich: Ideal und Wirklichkeit in der höfischen Epik. Studien zur Form der frühen Artus- und Graldichtung. [1956.] Tübingen ²1970. (Beihefte zur Zeitschrift für romanische Philologie. 97).

Bezzola, Reto R.: Liebe und Abenteuer im höfischen Roman. (Chrétien de Troyes). Reinbek bei Hamburg 1961.

Wehrli, Max: Formen mittelalterlicher Erzählung. Aufsätze. Zürich 1969.

Brogsitter, Karl Otto: Artusepik. [1965.] 2., verb. und erg. Aufl. Stuttgart 1971. (Sammlung Metzler. 38.)

Ruh, Kurt: Höfische Epik des deutschen Mittelalters. 2 Bde. Berlin 1977–80.
    Bd. 1: Von den Anfängen bis zu Hartmann von Aue. [1967.] 2., verb. Aufl. Berlin 1977.
    Bd. 2: »Reinhart Fuchs«, »Lanzelet«, Wolfram von Eschenbach, Gottfried von Straßburg. [1980.]

Bertau, Karl: Über Literaturgeschichte. Literarischer Kunstcharakter und Geschichte in der höfischen Epik um 1200. München 1983.

Gottzmann, Carola L.: Artusdichtung. Stuttgart 1989. (Sammlung Metzler. 249.)

Simon, Ralf: Einführung in die strukturalistische Poetik des mittelalterlichen Romans. Analysen zu deutschen Romanen der matière de Bretagne. Würzburg 1990.

Wolfzettel, Friedrich (Hrsg.): Artusroman und Intertextualität. Gießen 1990.

Brunner, Horst (Hrsg.): Mittelhochdeutsche Romane und Heldenepen. Interpretationen. Stuttgart 1993. (Reclams Universal-Bibliothek. 8914.)

Lacy, Norris J. (Hrsg.): Medieval Arthurian Literature. A Guide to Recent Research. New York 1996.

Mertens, Volker: Der deutsche Artusroman. Stuttgart 1998. (Reclams Universal-Bibliothek. 17609.)

Wolfzettel, Friedrich (Hrsg.): Erzählstrukturen der Artusliteratur. Forschungsgeschichte und neue Ansätze. Tübingen 1999.

*

Schmidt, Leopold: Die Volkserzählung. Märchen, Sage, Legende, Schwank. Berlin 1963.

Straßner, Erich: Schwank. 2., überarb. und erg. Aufl. Stuttgart 1978. (Sammlung Metzler. 77.)

Fischer, Hanns: Studien zur deutschen Märendichtung. 2., durchges. und erw. Aufl. Tübingen 1983.

Schirmer, Karl-Heinz (Hrsg.): Das Maere. Die mittelhochdeutsche Versnovelle des späteren Mittelalters. Darmstadt 1983. (Wege der Forschung. 558.)

Theiss, Winfried: Schwank. Bamberg 1985.

Ziegeler, Hans J.: Erzählen im Spätmittelalter. Mären im Kontext von Minnereden, Bispeln und Romanen. Tübingen 1985.

*

Weydt, Günter: Der deutsche Roman von der Renaissance und Reformation bis zu Goethes Tod. In: Deutsche Philologie im Aufriß. Hrsg. von Wolfgang Stammler. Bd. 2. Berlin 1960. Sp. 1217–1356.

Majut, Rudolf: Der deutsche Roman vom Biedermeier bis zur Gegenwart. In: Deutsche Philologie im Aufriß. Hrsg. von Wolfgang Stammler. Bd. 2. Berlin 1960. Sp. 1357–1794.

Welzig, Werner: Der deutsche Roman im 20. Jahrhundert. 2., erw. Aufl. Stuttgart 1970.

Rötzer, Hans Gerd: Der Roman des Barock. 1600–1700. Kommentar zu einer Epoche. München 1972.

Emmel, Hildegard. Geschichte des deutschen Romans. 3 Bde. München 1972–78.

Bd. 1: Vom 15. Jahrhundert bis zur Romantik. [1972.]

Bd. 2: Von der Goethezeit bis zur Mitte des 20. Jahrhunderts. [1975.]

Bd. 3: Der Weg in die Gegenwart. [1978.]

Brauneck, Manfred (Hrsg.): Der deutsche Roman im 20. Jahrhundert. Analysen und Materialien zur Theorie und Soziologie des Romans. Bamberg 1976.

Paulsen, Wolfgang (Hrsg.): Der deutsche Roman und seine historischen und politischen Bedingungen. Bern 1977.

Durzak, Manfred: Der deutsche Roman der Gegenwart. Entwicklungsvoraussetzungen und Tendenzen. 3., erw. und veränd. Aufl. Stuttgart 1979.

Koopmann, Helmut (Hrsg.): Handbuch des deutschen Romans. Düsseldorf 1983.

Mahoney, Dennis F.: Der Roman der Goethezeit (1774–1829). Stuttgart 1988. (Sammlung Metzler. 241.)

Petersen, Jürgen H.: Der deutsche Roman der Moderne. Grundlegung – Typologie – Entwicklung. Stuttgart/ Weimar 1991.

Hillebrand, Bruno: Theorie des Romans. Erzählstrategien der Neuzeit. 3., erw. Aufl. Stuttgart/Weimar 1993.

Brauneck, Manfred (Hrsg.): Der deutsche Roman nach 1945. Bamberg 1993.

*

Stanzel, Franz K: Typische Formen des Romans. [1964.] Göttingen [12]1993.

Grimm, Reinhold (Hrsg.): Deutsche Romantheorien. Beiträge zu einer historischen Poetik des Romans in Deutschland. Frankfurt a. M. / Bonn 1968.

Klotz, Volker (Hrsg.): Zur Poetik des Romans. Darmstadt [2]1969 (Wege der Forschung. 35.)

Hillebrand, Bruno (Hrsg.): Zur Struktur des Romans. Darmstadt 1978 (Wege der Forschung. 488.)

Žmegač, Viktor: Der europäische Roman. Geschichte seiner Poetik. Tübingen [2]1991.

Stanzel, Franz K.: Theorie des Erzählens. [1979.] Göttingen ⁶1995.

*

Jacobs, Jürgen: Der deutsche Schelmenroman. Eine Einführung. München 1983.
Jacobs, Jürgen: Der Weg des Picaro. Untersuchungen zum europäischen Schelmenroman. Trier 1998.

*

Jacobs, Jürgen: Wilhelm Meister und seine Brüder. Untersuchungen zum deutschen Bildungsroman. München 1972.
Jacobs, Jürgen / Krause, Markus: Der deutsche Bildungsroman. Gattungsgeschichte vom 18. bis zum 20. Jahrhundert. München 1989.
Mayer, Gerhart: Der deutsche Bildungsroman. Von der Aufklärung bis zur Gegenwart. Stuttgart 1992.
Selbmann, Rolf: Der deutsche Bildungsroman. 2., überarb. und erw. Aufl. Stuttgart/Weimar 1994. (Sammlung Metzler. 214.)

*

Vogt, Jochen (Hrsg.): Der Kriminalroman. Zur Theorie und Geschichte einer Gattung. 2 Bde. München 1971. (UTB 81. 82.) – Neubearb. unter dem Titel: Der Kriminalroman. Poetik. Theorie. Geschichte. München 1998. (UTB 8147.)
Hein, Jürgen: Die Dorfgeschichte. Stuttgart 1976. (Sammlung Metzler. 145.)
Klotz, Volker: Abenteuer-Romane. Sue, Dumas, Ferry, Retcliffe, Verne, May. München 1979.
Nusser, Peter: Kriminalroman. 2., überarb. und erw. Aufl. Stuttgart 1992. (Sammlung Metzler. 191.)

Aust, Hugo: Der historische Roman. Stuttgart/Weimar 1994. (Sammlung Metzler. 278.)

Walter, Klaus-Peter (Hrsg.): Reclams Krimi-Lexikon. Autoren und Werke. Stuttgart 2002.

*

Kunz, Josef (Hrsg.): Novelle. 2., wesentl. verb. und veränd. Aufl. Darmstadt 1973. (Wege der Forschung. 55.)

Kunz, Josef: Die deutsche Novelle im 20. Jahrhundert. Berlin 1977.

Kunz, Josef: Die deutsche Novelle im 19. Jahrhundert. 2., überarb. Aufl. Berlin 1978.

Kritsch Neuse, Erna: Die deutsche Kurzgeschichte. Das Formexperiment der Moderne. Bonn 1980.

Polheim, Karl Konrad (Hrsg.): Handbuch der deutschen Erzählung. Düsseldorf 1981.

Kunz, Josef: Die deutsche Novelle zwischen Klassik und Romantik. Bibliogr. erg. von Rainer Schönhaar. Berlin [3]1992.

Schlaffer, Hannelore: Poetik der Novelle. Stuttgart/Weimar 1993.

Durzak, Manfred: Die Kunst der Kurzgeschichte. Zur Theorie und Geschichte der deutschen Kurzgeschichte. 2., verb. Aufl. München 1994. (UTB 1519.)

Marx, Leonie: Die deutsche Kurzgeschichte. 2., überarb. und erw. Aufl. Stuttgart/Weimar 1997. (Sammlung Metzler. 216.)

Aust, Hugo: Novelle. 3., überarb. und aktual. Aufl. Stuttgart/Weimar 1999. (Sammlung Metzler. 256.)

Rath, Wolfgang: Die Novelle. Konzept und Geschichte. Göttingen 2000. (UTB 2122.)

Durzak, Manfred: Die deutsche Kurzgeschichte der Gegenwart. Autorenporträts, Werkstattgespräche, Interpretationen. 3., erw. Aufl. Würzburg 2002.

*

Leibfried, Erwin: Fabel. 4., durchges. und erg. Aufl. Stuttgart 1982. (Sammlung Metzler. 66.)

Hasubek, Peter: Die Fabel. Theorie, Geschichte und Rezeption einer Gattung. Berlin 1982.

Leibfried, Erwin: Fabel. Bamberg 1984.

Elschenbroich, Adalbert: Grundzüge einer Geschichte der Fabel in der frühen Neuzeit. Kommentar zu den Autoren und Sammlungen. Tübingen 1990.

Schrader, Monika: Sprache und Lebenswelt. Fabeltheorien des 18. Jahrhunderts. Hildesheim 1991.

Elm, Theo (Hrsg.): Fabel und Parabel. Kulturgeschichtliche Prozesse im 18. Jahrhundert. München 1994.

Dithmar, Reinhard: Die Fabel. Geschichte, Struktur, Didaktik. (Nachdr. der völlig neu bearb. Aufl. von 1988.) Paderborn [8]1997. (UTB 73.)

Coenen, Hans Georg: Die Gattung Fabel. Infrastrukturen einer Kommunikationsform. Göttingen 2000. (UTB 2159.)

*

Röhrich, Lutz: Sage und Märchen. Erzählforschung heute. Freiburg 1976.

Fricke, Harald: Aphorismus. Stuttgart 1984. (Sammlung Metzler. 208.)

Schrader, Monika: Epische Kurzformen. Theorie und Didaktik. Frankfurt a. M. [2]1986.

Rötzer, Hans Gerd: Märchen. Bamberg [2]1995.

Lüthi, Max: Das europäische Volksmärchen. Form und Wesen. Tübingen [10]1997. (UTB 312.)

Lüthi, Max: Märchen. Bearb. von Heinz Rölleke. 9., durchges. und erg. Aufl. Stuttgart 1997. (Sammlung Metzler. 16.)

Lüthi, Max: Es war einmal … Vom Wesen des Volksmärchens. 8., neubearb. Aufl. Göttingen 1998.

Jolles, André: Einfache Formen. Legende, Sage, Mythe,

Rätsel, Spruch, Kasus, Memorabile, Märchen, Witz. Tübingen [7]1999.

Kleine literarische Formen in Einzeldarstellungen. Stuttgart 2002. (Reclams Universal-Bibliothek. 18187.)

*

Fischer, Ludwig / Hickethier, Knut / Riha, Karl (Hrsg.): Gebrauchsliteratur. Methodische Überlegungen und Beispielanalysen. Stuttgart 1976.

Siegel, Christian: Die Reportage. Stuttgart 1978. (Sammlung Metzler. 164.)

Weissenberger, Klaus (Hrsg.): Prosakunst ohne Erzählen. Die Gattungen der nicht-fiktionalen Kunstprosa. Tübingen 1985.

Nickisch, Reinhard M. G.: Brief. Stuttgart 1991. (Sammlung Metzler. 260.)

Dolle-Weinkauff, Bernd / Ewers, Hans H. (Hrsg.): Theorien der Jugendlektüre. Beiträge zur Kinder- und Jugendliteraturkritik seit Heinrich Wolgast. Weinheim 1996.

Holdenried, Michaela: Autobiographie. Stuttgart 2000. (Reclams Universal-Bibliothek. 17624.)

Wagner-Egelhaaf, Martina: Autobiographie. Stuttgart/ Weimar 2000. (Sammlung Metzler. 323.)

*

Domagalski, Peter: Trivialliteratur. Geschichte, Produktion, Rezeption. Freiburg i. Br. 1981.

Schutte, Jürgen (Hrsg.): Erfahrung und Ideologie. Studien zur massenhaft verbreiteten Literatur. Berlin 1983.

Melzer, Helmut: Trivialliteratur. 2., überarb. Aufl. München 1985.

Dolle-Weinkauf, Bernd: Comics. Geschichte einer populären Literaturform in Deutschland seit 1945. (Mitarb.: Klaus Doderer.) Weinheim 1990.

Nusser, Peter: Trivialliteratur. Stuttgart 1991. (Sammlung Metzler. 262.)

Nutz, Walter: Trivialliteratur und Popularkultur. Vom Heftromanleser zum Fersehzuschauer. Eine literatursoziologische Analyse unter Einschluß der Trivialliteratur der DDR. Opladen 1999.

Literarische Sondergattungen in den neuen Medien

Rüden, Peter von (Hrsg.): Das Fernsehspiel. Möglichkeiten und Grenzen. München 1975.

Waldmann, Werner: Das deutsche Fernsehspiel. Ein systematischer Überblick. Wiesbaden 1977.

Hickethier, Knut: Das Fernsehspiel der Bundesrepublik. Themen, Form, Struktur, Theorie und Geschichte. 1951–1977. Stuttgart 1980.

Durzak, Manfred: Literatur auf dem Bildschirm. Analysen und Gespräche mit Leopold Ahlsen, Rainer Erler, Dieter Forte, Walter Kempowski, Heinar Kipphardt, Wolfdietrich Schnurre, Dieter Wellershoff. Tübingen 1989.

Hickethier, Knut / Peulings, Birgit / Jacobs-Peulings, Rainer M. (Hrsg.): Das Ende der Euphorie. Das deutsche Fernsehspiel nach der Einigung. Münster 1997.

*

Döhl, Reinhard: Das Neue Hörspiel. Darmstadt ²1992.

Döhl, Reinhard: Das Hörspiel der NS-Zeit. Darmstadt 1992.

Bolik, Sibylle: Das Hörspiel in der DDR. Themen und Tendenzen. Frankfurt a. M. 1994.

Würffel, Stefan Bodo: Das deutsche Hörspiel. 2., überarb. und erw. Aufl. Stuttgart/Weimar 2001. (Sammlung Metzler. 172.)

*

Hautzinger, Nina: Vom Buch zum Internet. Eine Analyse der Auswirkungen hypertextueller Strukturen auf Text und Literatur. St. Ingbert 1999.

Suter, Beat: Hyperfiction: hyperliterarisches Lesebuch. Internet und Literatur. Frankfurt a. M. 1999.

Winkels, Hubert: Leselust und Bildermacht: Literatur, Fernsehen und Neue Medien. Frankfurt a. M. 1999.

o) Zeitschriften

In der Folge wird eine Auswahl wichtiger literaturwissenschaftlicher Zeitschriften aufgeführt, in denen ein großer Teil der Forschungsdiskussion stattfindet. In Klammern ist immer die gebräuchliche Abkürzung angegeben, die Jahreszahlen zum Ende der Einträge geben das Erscheinungsjahr des ersten Bandes der Zeitschrift an; wenn nicht anders angegeben, läuft die Publikation gegenwärtig weiter.

Das achtzehnte Jahrhundert. Zeitschrift der Deutschen Gesellschaft für die Erforschung des achtzehnten Jahrhunderts. Wolfenbüttel: Wallstein, 1.1977 ff.

Amsterdamer Beiträge zur neueren Germanistik. Amsterdam: Rodopi, 1.1972 ff.

Arbitrium. Zeitschrift für Rezensionen zur germanistischen Literaturwissenschaft. München: Beck, [ab Jg. 7:] Tübingen: Niemeyer, 1.1983 ff.

Aufklärung: Interdisziplinäre Halbjahreszeitschrift zur Erforschung des 18. Jahrhunderts und seiner Wirkungsgeschichte. Hamburg: Meiner, 1.1986 ff.

(Pauls und Braunes) Beiträge zur Geschichte der deutschen Sprache und Literatur. (PBB.) Halle: Niemeyer, 1.1874 ff.
Nach dem Zweiten Weltkrieg in Tübingen, in Halle erschien zwischen 1955 und 1979 unter gleichem Titel eine parallele Zeitschrift.

Colloquia Germanica. Internationale Zeitschrift für germanische Sprach- und Literaturwissenschaft. Bern, [später:] Tübingen: Francke, 1.1967 ff.

Daphnis. Zeitschrift für mittlere deutsche Literatur. Amsterdam: Rodopi, 1.1972 ff.

Deutsche Vierteljahrsschrift für Literaturwissenschaft und Geistesgeschichte. (DVjS.) Halle [ab Jg. 23/1949: Stuttgart]: Metzler, 1.1923 ff.

Der Deutschunterricht. Beiträge zu seiner Praxis und wissenschaftliche Grundlegung. (DU.) Stuttgart: Klett, [später:] Seelze: Friedrich, 1.1948/49 ff.

Diskussion Deutsch. Zeitschrift für Deutschlehrer aller Schulformen in Ausbildung und Praxis. (DD.) Frankfurt a. M. / Berlin / München: Diesterweg, 1.1970–26.1995. (H. 1–144.)
Aufgegangen in: *Der Deutschunterricht.*

Editio. Internationales Jahrbuch für Editionswissenschaft. Tübingen: Niemeyer, 1.1987 ff.

Études Germaniques. (EG.) Paris: Didier, 1.1946 ff.

Euphorion. Zeitschrift für Literaturgeschichte. Bamberg: Buchner, [seit 1952:] Heidelberg: Winter, 1.1894 ff.

Fabula. Zeitschrift für Erzählforschung. Berlin: de Gruyter, 1.1958 ff.

German life and letters. A quarterly Review. (GLL.) Oxford: Blackwell, 1.1936/37–4.1939. N. S. 1.1947/1948 ff.

Germanisch-romanische Monatsschrift. (GRM.) Heidelberg: Winter, 1.1909 ff.

The German Quarterly. (GQ.) Appleton (Wisc.): American Association of Teachers of German, 1.1928 ff.

The Germanic review. Devoted to studies dealing with the Germanic languages and literatures. New York: Columbia University Press, 1.1926 ff.

Internationales Archiv für die Sozialgeschichte der deutschen Literatur. (IASL.) Tübingen: Niemeyer, 1.1976 ff.

Jahrbuch für Internationale Germanistik. (JIH.) Frankfurt
   a. M.: Athenäum, [ab Jg. 5:] Bern: Lang, 1.1969 ff.
Jahrbuch des Freien Deutschen Hochstifts. Tübingen:
   Niemeyer, 1902–1936/40 (1940). N. F. 1962 ff.
The Journal of English and German Philology. (JEGP.)
   Urbana (Ill.): University of Ill. Press, 1.1897 ff.
Literatur für Leser. (LfL.) Frankfurt a. M. / München: Ol-
   denbourg, [seit 1990:] Frankfurt a. M.: Lang, 1.1978 ff.
Literatur in Wissenschaft und Unterricht. (LWU.). Würz-
   burg: Königshausen und Neumann, 1.1968 ff.
Mitteilungen   des   deutschen   Germanistenverbandes.
   Frankfurt a. M.: Diesterweg, [seit 1997:] Bielefeld: Ais-
   thesis, 1.1954 ff.
Das Mittelalter. Perspektiven mediävistischer Forschung.
   Zeitschrift des Mediävistenverbandes. Berlin 1.1996 ff.
Modern language quarterly. A journal of literary history.
   (MLQ.) Durham (NC): Duke University Press,
   1.1940 ff.
The Modern Language Review. A quarterly journal.
   (MLR.) Cambridge: University Press, 1.1905 ff.
Monatshefte für deutschsprachige Literatur und Kultur.
   Madison (Wisc.) 1.1899 ff.
Neophilologus. An international journal of modern and
   medieval language and literature. Groningen: Noord-
   hoff, 1.1915 ff.
Poetica. Zeitschrift für Sprache und Literaturwissenschaft.
   Amsterdam: Grüner, [später:] München: Fink, 1.1967 ff.
Publications of the Modern Language Association of
   America. (PMLA.) New York: Assoc., 1.1884/85 ff.
Recherches germaniques. Revue annuelle. Strasbourg:
   Université Marc Bloch, 1.1971 ff.
Sprachkunst. Beiträge zur Literaturwissenschaft. Wien:
   Verlag der Österreichischen Akadademie der Wissen-
   schaften, 1.1970 ff.
Text und Kritik. Zeitschrift für Literatur. München: edi-
   tion text & kritik, 1.1964 ff.

Weimarer Beiträge. Studien und Mitteilungen zur Theorie und Geschichte der deutschen Literatur. (WB.) Weimar: Arion, [ab 1964:] Berlin: Aufbau, 1.1955 ff. – Seit 1992 unter dem Titel: Weimarer Beiträge. Zeitschrift für Literaturwissenschaft, Ästhetik und Kulturwissenschaften. Wien: Passagen, 1.1992 ff.

Wirkendes Wort. Deutsche Sprache und Literatur in Forschung und Lehre. (WW.) Trier: WVT Wissenschaftlicher Verlag Trier, 1.1950/51 ff.

Zeitschrift für deutsche Philologie. (ZfdPh.) Berlin [u. a.]: Schmidt, 1.1869 ff.

Zeitschrift für den deutschen Unterricht. Leipzig: Teubner, 1.1887–33.1919.

Zeitschrift für Germanistik. (ZfG.) Leipzig: VEB Verlag Enzyklopädie, 1.1980–10.1989. N. F. Berlin: Lang, 1.1991 ff.

Zeitschrift für Literaturwissenschaft und Linguistik. (LiLi.) Stuttgart/Weimar: Metzler, 1.1970/71 (1971) ff.

p) Autor(inn)en-Jahrbücher

Eine Sonderform der literaturwissenschaftlichen Zeitschrift stellen die Jahrbücher dar, die von den verschiedenen Dichterinnen- und Dichtergesellschaften periodisch herausgegeben werden. Hier werden etwa die Beiträge zu periodisch oder in lockerer Folge stattfindenden Tagungen der Gesellschaften abgedruckt, ebenso weitere Forschungsbeiträge meist zum literarischen Werk der namensgebenden Autorinnen und Autoren. Allerdings finden sich auch häufig Forschungsbeiträge zu Gegenständen aus dem weiteren literaturgeschichtlichen Umfeld. Ein besonderer Vorzug der Autor(inn)enjahrbücher ist die meist ans Ende eines Jahrgangsbandes gesetzte Bibliographie, die ein fast vollständiges Verzeichnis der Editionen und der Forschungsliteratur zum Werk der jeweiligen Person darstellt.

The Brecht yearbook. Madison (Wisc.): University of Wisconsin Press, 1.1971 ff.

Brecht-Jahrbuch. Frankfurt a. M.: Suhrkamp, 1974 (1975) – 1980 (1981).

Georg Büchner Jahrbuch. Frankfurt a. M., [seit Jg. 8:] Tübingen: Niemeyer, 1.1981 ff.

Celan-Jahrbuch. Heidelberg: Winter, 1.1987 ff.

Fontane-Blätter. Halbjahresschrift im Auftr. des Theodor-Fontane-Archivs unter der Theodor-Fontane-Gesellschaft e.V. Potsdam 1.1965/69 ff.

George-Jahrbuch. Tübingen: Niemeyer, 1.1996/97 ff.

Goethe-Jahrbuch. Frankfurt a. M.: Sauerländer, 1.1880–34.1913. – Jahrbuch der Goethe-Gesellschaft. Weimar: Verlag der Goethe-Gesellschaft, 1.1914–21.1935. – [Fortführung:] Goethe. Vierteljahresschrift der Goethe-Gesellschaft. Neue Folge des Jahrbuchs. Weimar: Verlag der Goethe-Gesellschaft, [später:] Böhlau 1.1936–33.1971. – [Seit 1972 wieder unter dem Titel:] Goethe-Jahrbuch. Weimar: Böhlau, 89.1972 ff.

Goethe Yearbook. Columbia (SC): Camden House, 1.1982 ff.

Jahrbuch des Wiener Goethe-Vereins. Wien: Goethe-Verein, 1.1896 ff.

Grabbe-Jahrbuch. Emsdetten: Lechte, 1.1982 ff.

Simpliciana. Schriften der Grimmelshausen-Gesellschaft. Bern [u. a.]: Lang, 1.1979 ff.

Hebbel-Jahrbuch. Heide: Boyens, 1.1939–1943. 1951 ff.

Heine-Jahrbuch. Hamburg: Hoffmann & Campe, [ab Jg. 34:] Stuttgart/Weimar: Metzler, 1.1961 ff.

Herder-Jahrbuch/Herder-Yearbook. Stuttgart/Weimar: Metzler, 1.1992 ff.

Iduna. Jahrbuch der Hölderlin-Gesellschaft. Tübingen: Mohr, 1.1944. – [Forts. ab 2 (1947):] Hölderlin-Jahrbuch. [Ab 1990:] Stuttgart/Weimar: Metzler, [ab 1998:] Eggingen: Ed. Isele, 1.1944/2.1947 ff.

E.T.A. Hoffmann Jahrbuch. Berlin: Schmidt, 1.1992/93 ff.

Hofmannsthal-Blätter. Frankfurt a. M.: Hofmannsthal-Gesellschaft, 1.1968 ff. – [Fortgef. als:] Hofmannsthal-Jahrbuch. Forum der Moderne. Freiburg i. Br.: Rombach, 1.1993 ff.

Uwe-Johnson-Jahrbuch. Göttingen: Vandenhoek & Ruprecht, 1.1994 ff.

Jahrbuch der Kleist-Gesellschaft. Berlin, 1921–1938.

Kleist-Jahrbuch. Stuttgart/Weimar: Metzler, 1.1990 ff.

Lenz-Jahrbuch. Sturm-und-Drang-Studien. St. Ingbert: Röhrig, 1.1991 ff.

Lessing-Yearbook. München: Hueber, [später:] Göttingen: Wallstein, 1.1969 ff.

Heinrich-Mann-Jahrbuch. Lübeck: Schmidt-Römhild, 1.1983 ff.

Thomas-Mann-Jahrbuch. Frankfurt a. M.: Klostermann, 1.1988 ff.

Jahrbuch der Deutschen Schillergesellschaft. Stuttgart: Kröner, 1.1957 ff.

Peter-Weiss-Jahrbuch für Literatur Kunst und Politik im 20. Jahrhundert. Opladen: Westdeutscher Verlag, [ab Bd. 8:] St. Ingbert: Röhrig, 1.1992 ff.

Wolfram-Studien. Veröffentlichungen der Wolfram von Eschenbach-Gesellschaft. Berlin: E. Schmidt, 1.1970/2.1974 ff.

Jahrbuch der Oswald-von-Wolkenstein-Gesellschaft. Marbach a. N., [ab Jg. 7:] Frankfurt a. M. 1.1980/81 ff.

2. Bibliographien

a) Einführungen in Bibliographien / Literaturwissenschaftliche Bücherkunde

Landwehr, Jürgen / Mitzschke, Matthias / Paulus, Rolf: Praxis der Informationsermittlung: »Deutsche Literatur«. Systematische Einführung in das fachbezogene Recherchieren. Theorie und Verfahren des Recherchierens – Handbücher und Bibliographien – Zeitschriften – Institutionen. München 1978.

Heidtmann, Frank / Fertig, Eymar / Ulrich, Paul S.: Wie finde ich Literatur zur deutschen Literatur? Berlin 1979.

Hansel, Johannes: Bücherkunde für Germanisten. 9., neubearb. Ausg. Berlin 1991.

Raabe, Paul: Einführung in die Bücherkunde zur deutschen Literaturwissenschaft. 11., völlig neubearb. Ausg. Stuttgart/Weimar 1994. (Sammlung Metzler. 1.)

Zelle, Carsten: Kurze Bücherkunde für Literaturwissenschaftler. Tübingen [u. a.] 1998. (UTB 1939.)

Paschek, Carl: Praxis der Literaturinformation Germanistik. 2., völlig neu bearb. Aufl. Berlin 1999.

Blinn, Hansjürgen: Informationshandbuch deutsche Literaturwissenschaft. 4., überarb. und erg. Aufl. Frankfurt a. M. 2001.

b) Bibliographien/Bücherverzeichnisse

Allgemeine Fachbibliographien

Goedeke, Karl: Grundriß zur Geschichte der deutschen Dichtung. Aus den Quellen. 2. bzw. 3., ganz neubearb. Aufl. 15 Bde. in 22 Tln. Dresden/Berlin 1884–1966. –

Als Nachdr.: Nendeln 1975; ebendort erschienen die Bde. 16–18: 1985–98.

Umfassende, Vollständigkeit beanspruchende und abgeschlossene Bibliographie der deutschen Literatur vom Mittelalter bis 1830 (Julirevolution in Frankreich). Als »Quellenkunde« immer noch nützlich.

Körner, Josef: Bibliographisches Handbuch des deutschen Schrifttums. 3., völlig umgearb. Aufl. Bern 1949.

Der Berichtszeitraum dieses 1966 in 4. Aufl. nachgedruckten Handbuchs erstreckt sich bis etwa 1945; Angaben zu Primär- und Forschungsliteratur in Auswahl.

Goedekes Grundriß zur Geschichte der deutschen Dichtung. Neue Folge. Fortführung von 1830–1880. Hrsg. von der dt. Akademie der Wissenschaften zu Berlin. Bearb. von Georg Minde-Pouet und Eva Rothe. Berlin 1962.

Nur Bd. 1 erschienen, wird fortgeführt als:

Deutsches Schriftstellerlexikon 1830–1880. Goedekes Grundriß zur Geschichte der deutschen Dichtung: Fortführung. Bearb. von Herbert Jacob, Red. Marianne Jacob. Bd. 1 ff. Berlin 1995 ff.

Bisher sind drei Bände erschienen.

Internationale Bibliographie zur Geschichte der deutschen Literatur von den Anfängen bis zur Gegenwart. Gesamtred.: Günther Albrecht und Günter Dahlke. 3 Tle. in 4. Bdn. Berlin 1969–77 und München 1970–77. – Erg.-Bde. für den Berichtszeitraum 1965–74: München 1984.

Köttelwesch, Clemens (Hrsg.): Bibliographisches Handbuch der deutschen Literaturwissenschaft. 1945–1972. Unter Mitarb. von H. Hüttemann und C. Maihofer. 3 Bde. Frankfurt a. M. 1973–79.

Bibliographische Angaben zu einer guten Auswahl von rund 80 000 Aufsätzen und Büchern zur deutschen Literaturwissenschaft. Berichtszeitraum Bd. 1: 1945–69; Bd. 2: 1945–72. Bd. 3 enthält Sach- und Namensregister.

Rambaldo, Hartmut: Index zu Goedeke, Grundriß zur
Geschichte der deutschen Dichtung. Aus den Quellen.
Nendeln 1975.

Hagen, Waltraud [u. a.] (Bearb.): Handbuch der Editionen. Deutschsprachige Schriftsteller. Ausgang des 15.
Jahrhunderts bis zur Gegenwart. München ²1981.

Raabe, Paul: Quellenrepertorium zur neueren deutschen
Literaturgeschichte. 3., vollst. neubearb. Aufl. Stuttgart
1981. (Sammlung Metzler. 21.)

Wilpert, Gero von / Gühring, Adolf: Erstausgaben deutscher Dichtung. Eine Bibliographie zur deutschen Literatur 1600–1990. 2., vollst. überarb. Aufl. Stuttgart
1992.

Periodische Fachbibliographien

[»Eppelsheimer-Köttelwesch«:] Bibliographie der deutschen Literaturwissenschaft Bde. 1 (1945–53) bis 8
(1968). Frankfurt a. M. 1957 ff. – Bibliographie der
deutschen Sprach- und Literaturwissenschaft. (1969 ff.)
Begr. von Hanns Wilhelm Eppelsheimer, fortgef. von
Clemens Köttelwesch und Bernhard Koßmann, hrsg.
von Wilhelm R. Schmidt. Frankfurt a. M. 1971 ff.
Erscheint jahrgangsweise. Zur Systematik der Darstellung: Zunächst wird die germanistische Forschungsliteratur des Be-
richtszeitraums grob nach Sprach- und Literaturwissenschaft
unterschieden; der literaturwissenschaftliche Teil ist dann historisch angeordnet, unterhalb der Epochenbegriffe finden sich, alphabetisch geordnet, die Namen von Autorinnen und Autoren,
darunter wiederum einzelne Werke, zu denen dann zunächst
neuerschienene Ausgaben, schließlich aber die jüngste Forschungsliteratur aufgelistet erscheint. Ist in einigen Universitätsbibliotheken mittlerweile auch als computergestützte Datenbank vorhanden.

Germanistik. Internationales Referatenorgan mit bibliographischen Hinweisen. Jg. 1 ff. Tübingen 1960 ff.
Erscheint in 3 Heften (zu zwei Bänden) im Jahr. Die Darstel-

lungssystematik ist der im Eppelsheimer vergleichbar – allein unterhalb der Autorenebene wird die aufgeführte Forschungsliteratur nicht mehr nach Einzelwerken des jeweiligen Autors systematisiert. Die *Germanistik* hat allerdings den Vorteil, dass sie zu Monographien immer eine knappe inhaltlich skizzierende Rezension zur zusätzlichen Orientierung bereitstellt. – Es lohnt sich immer, in beiden Fachbibliographien nachzuschlagen, da die Redaktionen unterschiedliche Auswahlkriterien zugrunde legen und die Angaben sich gegenseitig ergänzen.

MLA (Modern Language Association). International Bibliography of Books and Articles on the Modern Languages and Literatures. Vol. 1–1921. New York 1922 ff.
Sehr gut nutzbare Gesamtbibliographie zur Weltliteratur, allerdings mit deutlich rigiderer Auswahl als *Germanistik* und Eppelsheimer-Köttelwesch, darüber hinaus mit einem (notwendigen) genaueren Blick auf die anglo-amerikanische Germanistik. Als CD-ROM und als Datenbank in praktisch jeder Universitätsbibliothek zugänglich, kann allerdings grundsätzlich nur als Ergänzung zu *Germanistik* und Eppelsheimer-Köttelwesch dienen.

Koch, Hans-Albrecht / Koch, Uta (Hrsg.): Internationale Germanistische Bibliographie. 1980–1982. München 1981–84.
Vollständiger als *Germanistik* und Eppelsheimer-Köttelwesch, Erscheinen allerdings nach drei Bänden eingestellt.

Epochenbibliographien

Handbuch der deutschen Literaturgeschichte. 2. Abt.: Bibliographien. Hrsg. von Paul Stapf. München 1969–74.
Bd. 1: Frühes Mittelalter. Von Henry Kratz. [1970.]
Bd. 2: Hohes Mittelalter. Von Michael S. Batts. [1969.]
Bd. 3: Spätes Mittelalter. Von George Fenwick Jones. [1971.]
Bd. 4: Renaissance, Humanismus, Reformation. Von James E. Engel. [1969.]
Bd. 5: Barock. Von Ingrid Merkel. [1971.]
Bd. 6: Das Zeitalter der Aufklärung. Von Eugen K. Grotegut. [1974.]

Bd. 8: Romantik. Von John Osborne. [1971.]
Bd. 9: Neunzehntes Jahrhundert. Von Roy C. Cowen. [1970.]
Bd. 10: Wilhelminisches Zeitalter. Von Penrith Goff. [1970.]
Bd. 11: Deutsches Schrifttum zwischen den beiden Weltkriegen.
Von Gertrud Bauer Pickar. [1974.]
Bd. 12: Deutsches Schrifttum der Gegenwart. Von Jerry Glenn.
[1971.]

*

Pretzel, Ulrich / Bachhofer, Wolfgang (Hrsg.): Bibliographien zur deutschen Literatur des Mittelalters. Berlin 1950 ff.
Primär- und Sekundärliteratur zu einzelnen Werken bzw. Autoren der mittelalterlichen Literatur wird hier in jeweils separaten Bänden zusammengestellt. Aufgrund des Alters einzelner Bände z. T. nur von historischem Wert. Darin enthalten sind etwa als Bde. 3 und 11 die folgenden zwei Titel:

Tervooren, Helmut: Bibliographie zum Minnesang und zu den Dichtern aus »Minnesangs Frühling«. Berlin 1969.
Gentry, Francis G.: Bibliographie zur frühmittelhochdeutschen geistlichen Dichtung. Berlin 1992.

*

Grosse, Siegfried / Rautenberg, Ursula: Die Rezeption mittelalterlicher deutscher Dichtung. Eine Bibliographie ihrer Übersetzungen und Bearbeitungen seit der Mitte des 18. Jahrhunderts. Tübingen 1989.
Gotzkowsky, Bodo: ›Volksbücher‹. Prosaromane, Renaissancenovellen, Versdichtungen und Schwankbücher. Bibliographie der deutschen Drucke. Tl. 1: Drucke des 15. und 16. Jahrhunderts. Baden-Baden 1991.
Corsten, Severin / Fuchs, Walter (Hrsg.): Der Buchdruck im 15. Jahrhundert. Eine Bibliographie. 2. Bde. Stuttgart 1988–93.
Bd. 1: Bibliographie.
Bd. 2: Nachträge und Ergänzungen. Die Register.

*

Gabel, Gernot Uwe: Drama und Theater des deutschen Barock. Eine Handbibliographie der Sekundärliteratur. Hamburg 1974.

Dünnhaupt, Gerhard: Bibliographisches Handbuch der Barockliteratur. Hundert Personalbibliographien deutscher Autoren des siebzehnten Jahrhunderts. 3 Bde. Stuttgart 1980/81. – 2., verb. und wesentl. erw. Aufl. in 6 Bdn. u. d. T: Personalbibliographien zu den Drucken des Barock. Stuttgart 1990–93.

Pyritz, Ilse (Hrsg.): Bibliographie zur deutschen Literaturgeschichte des Barockzeitalters. Begr. von Hans Pyritz. Bern/München 1994.

Tl. 1: Allgemeine Bibliographie. Kultur- und Geistesgeschichte, Poetik, Gattungen, Traditionen, Beziehungen, Stoffe. Bern, München 1991.

Tl. 2: Dichter und Schriftsteller, Anonymes, Textsammlungen. Bern, München 1985.

Tl. 3: Gesamtregister.

Weber, Ernst / Mithal, Christine: Deutsche Originalromane zwischen 1680 und 1780. Eine Bibliographie mit Besitznachweisen. Berlin 1983.

Meyer, Reinhard: Das deutsche Trauerspiel des 18. Jahrhunderts. Eine Bibliographie. Mit ca. 1250 Titeln, einer Einleitung sowie Verfasser- und Stichwortverzeichnis. München 1977.

Hadley, Michael: Romanverzeichnis. Bibliographie der zwischen 1750–1800 erschienenen Erstausgaben. Bern/Frankfurt a. M. / Las Vegas 1977.

Martin, Dieter: Das deutsche Versepos im 18. Jahrhundert. Studien und kommentierte Gattungsbibliographie. Berlin 1993.

Gallas, Helga: Romane und Erzählungen deutscher Schriftstellerinnen um 1800. Eine Bibliographie mit Standortnachweisen. Stuttgart/Weimar 1993.

*

Henning, Hans / Hammer, Klaus (Hrsg.): Internationale Bibliographie zur deutschen Klassik 1750–1850. Weimar 1960 ff.

Erscheint jährlich. Folge 1–10 erschienen unselbständig in den *Weimarer Beiträgen* 6–10 (1960–64); ab Folge 11/12 in Bearb. von Hans Henning und Siegfried Seifert in selbständiger Form: Weimar 1968 ff.

Wunberg, Gotthart: Deutsche Literatur des 19. Jahrhunderts. (1830–1895.) Bern / Frankfurt a. M. / Las Vegas 1980.

Der Erfassungszeitraum der Forschungsliteratur ist auf 1960–75 beschränkt.

Eke, Norbert Otto / Olasz-Eke, Dagmar: Bibliographie: Der deutsche Roman 1815–1830. Standortnachweise, Rezensionen, Forschungsüberblick. München 1994.

*

Sternfeld, Wilhelm / Tiedemann, Eva: Deutsche Exil-Literatur 1933–1945. Eine Bio-Bibliographie. Vorwort von Hans W. Eppelsheimer. 2., erw. Aufl. Heidelberg 1970.

Melzwig, Brigitte: Deutsche sozialistische Literatur 1918–1945. Bibliographie der Buchveröffentlichungen. Berlin/Weimar 1975.

Raabe, Paul: Die Autoren und Bücher des literarischen Expressionismus. Ein bibliographisches Handbuch. In Zus.-Arb. mit Ingrid Hannich-Bode. 2., verb. und um Ergänzungen und Nachträge 1985–90 verm. Aufl. Stuttgart/Weimar 1992.

*

Schlütter, Hans-Jürgen (Hrsg.): Lyrik – 25 Jahre. Bibliographie der deutschsprachigen Lyrikpublikation 1945–1970. Bd. 1. Hildesheim / New York 1974.

Paulus, Rolf / Steuler, Ursula: Bibliographie zur deutschen
Lyrik nach 1945. Wiesbaden ²1977.
Jacob, Herbert: Literatur in der DDR. Bibliographische
Annalen. In 3 Bdn. Berlin 1986.

Forschungsliteratur zur gesamten deutschsprachigen Literatur nach 1945 findet sich in praktisch umfassendem
Maße in den bibliographischen Anhängen zu den Auto-
ren-Artikeln im *Kritischen Lexikon zur deutschsprachigen
Gegenwartsliteratur* (KLG), hrsg. von Heinz Ludwig Arnold, München 1978 ff. (s. Seite 49).

Personalbibliographien

Im Anschluss an die Bibliographien der Personalbibliographien wird eine Auswahl aufgelistet. Keinesfalls können alle Personalbibliographien zur deutschen Literaturgeschichte berücksichtigt werden – ein selbst dort nicht
vollständiges Verzeichnis liefert der immer wieder zu
empfehlende Band von Hansjürgen Blinn, *Informationshandbuch deutsche Literaturwissenschaft* (S. 175–206).
Hier können und sollen nur beispielhaft Personalbibliographien zu den »wichtigsten« oder zumindest am nach-
drücklichsten kanonisierten Schriftstellern und Schriftstellerinnen deutscher Sprache versammelt werden. Außer-
dem werden hier nur Bibliographien genannt, die auch
oder ausschließlich Forschungsliteratur aufführen.

Arnim, Max / Hodes, Franz: Internationale Personalbibliographie. 5 Bde. Leipzig / [später:] Stuttgart ²1952–
87.
    Neben den Werkverzeichnissen von ungefähr 62 000 Schriftstel-
    lern, Künstlern und Gelehrten des Zeitraums 1800 bis 1943
    (Bde. 1 und 2) enthalten die Bände 3–5 Nachweise zu rund
    80 000 Autoren aus der Zeit von 1944 bis 1986.
Wiesner, Herbert / Zivsa, Irene / Stoll, Christoph: Biblio-

graphie der Personalbibliographien zur deutschen Gegenwartsliteratur. München [2]1970.

Stock, Karl F. / Heilinger, Rudolf / Stock, Marylene: Personalbibliographien österreichischer Dichter und Schriftsteller. Von den Anfängen bis zur Gegenwart. Mit Auswahl einschlägiger Bibliographien, Nachschlagewerke, Sammelbiographien, Literaturgeschichten und Anthologien. Pullach 1972.

Hansel, Johannes: Personalbibliographie zur deutschen Literaturgeschichte. Studienausgabe. 2. Aufl., neubearb. und erg. von Carl Paschek. Berlin 1974.

Bibliographie der Personalbibliographien von ungefähr 350 Schriftstellern vom Mittelalter bis zur Gegenwart. Verzeichnet etwa auch Dichtergesellschaften und deren Jahrbücher (vgl. weiter oben »Zeitschriften / Autor(inn)en-Jahrbücher« S. 93 ff.), Forschungsberichte u. Ä.).

Dünnhaupt, Gerhard: Personalbibliographien zu den Drucken des Barock. 2., verb. und wesentl. verm. Aufl. des Bibliographischen Handbuchs der Barockliteratur. Stuttgart 1990–93.

Schmidt, Heiner: Quellenlexikon zur deutschen Literaturgeschichte. Duisburg 1994 ff.

Zuletzt erschien Bd. 33 (2002). Führt, vor allem auf fachdidaktische Zwecke ausgerichtet, nach Namen von Schriftstellerinnen und Schriftstellern sortiert, die Forschungsliteratur zu deren wichtigsten Einzelwerken auf.

*

Steinhoff, Hans Hugo: Bibliographie zu Gottfried von Straßburg. Berlin 1971. (Bibliographien zur deutschen Literatur des Mittelalters. 5.)

Steinhoff, Hans Hugo: Bibliographie zu Gottfried von Straßburg. II. Berichtszeitraum 1970–1983. Berlin 1986. (Bibliographien zur deutschen Literatur des Mittelalters. 9.)

Neubuhr, Elfriede: Bibliographie zu Hartmann von Aue.

Berlin 1977. (Bibliographien zur deutschen Literatur des Mittelalters. 6.)

Tervooren, Helmut: Bibliographie zum Minnesang und zu den Dichtern aus *Des Minnesangs Frühling*. Berlin 1969. (Bibliographien zur deutschen Literatur des Mittelalters. 3.)

Scholz, M. G.: Bibliographie zu Walther von der Vogelweide. Berlin 1969. (Bibliographien zur deutschen Literatur des Mittelalters. 4.)

Krogmann, W. / Pretzel, U.: Bibliographie zu Wolfram von Eschenbach. Berlin 1968. (Bibliographien zur deutschen Literatur des Mittelalters. 2.)

*

Lohner, Edgar: Gottfried Benn. Bibliographie 1910–1956. Neu bearb. und erg. von Timm Zenner. Morsum 1985.

Rademacher, Gerhard: Heinrich Böll. Auswahlbibliographie zur Primär- und Sekundärliteratur. Mit einleitenden Textbeiträgen von und über Heinrich Böll. Bonn 1989. Zu Brecht »Zeitschriften / Autor(inn)en-Jahrbücher« S. 94.

Schlick, Werner: Das Georg Büchner-Schrifttum bis 1965. Hildesheim 1965.

Bohrer, Christiane: Paul-Celan-Bibliographie. Bern [u. a.] 1989.

Hansel, Johannes: Friedrich-Dürrenmatt-Bibliographie. Bad Homburg 1968.

Lick, Thomas: Eichendorff-Bibliographie. Forschungsliteratur zu Leben und Werk J. v. Eichendorffs 1926–1995. St. Katharinen 1998.

Pyritz, Hans: Goethe-Bibliographie. Unter red. Mitarb. von Paul Raabe. Fortgef. von Heinz Nicolai und Gerhard Burkhardt. 2 Bde. Heidelberg 1965–68.

Hermann, Helmut G.: Goethe-Bibliographie. Literatur zum dichterischen Werk. Stuttgart 1991. (Reclams Universal-Bibliothek. 8692.)

Seifert, Siegfried: Goethe-Bibliographie 1950–1990. Hrsg. von der Stiftung Weimarer Klassik. 3 Bde. München 1999.
Zu Goethe siehe auch das Goethe-Handbuch und »Zeitschriften / Autor(inn)en-Jahrbücher« S. 94.

Battafarano, Italo Michele: Grimmelshausen-Bibliographie 1666 bis 1972. Werk – Forschung – Wirkungsgeschichte. Unter Mitarb. von Hildegard Eilert. Neapel 1975.
Zu Grimmelshausen siehe auch »Zeitschriften / Autor(inn)en-Jahrbücher« S. 94.

Wilhelm, Gottfried: Heine-Bibliographie. Unter Mitarb. von Eberhard Galey. 2 Tle. nebst einem Erg.-Bd. von Siegfried Seifert. Weimar/Berlin 1960–68.

Seifert, Siegfried / Volgina, Albina A.: Heine-Bibliographie 1965–1982. Berlin/Weimar 1986.
Zu Heine siehe auch »Zeitschriften / Autor(inn)en-Jahrbücher« S. 94.

Kohler, Maria: Internationale Hölderlin-Bibliographie (IHB). 1804–1983. Hrsg. vom Hölderlin-Archiv der Württembergischen Landesbibliothek Stuttgart. Stuttgart 1985.
Wird als Periodikum fortgeführt in:

Internationale Hölderlin-Bibliographie (IHB) auf der Grundlage der Neuerwerbungen des Hölderlin-Archivs der Württembergischen Landesbibliothek. Quellen und Sekundärliteratur, Rezeptionen und Rezensionen. 1984 ff. Stuttgart 1991 ff.
Zu Hölderlin siehe auch »Zeitschriften / Autor(inn)en-Jahrbücher« S. 94.

Voerster, Jürgen: 160 Jahre E. T. A. Hoffmann-Forschung 1805–1965. Eine Bibliographie mit Inhaltserfassung und Erläuterungen. Stuttgart 1967.

Riedel, Nicolai: Uwe Johnson-Bibliographie 1959–1998. Stuttgart/Weimar 1999.

Caputo-Mayr, Maria Luise / Herz, Julius M.: Franz Kaf-

ka. Internationale Bibliographie der Primär- und Sekundärliteratur. 2., erw. und erg. Aufl. München 2000.

Rothe, Eva: Kleist-Bibliographie 1945–1960. In: Jahrbuch
der Deutschen Schillergesellschaft 5 (1961), S. 414–
547.
Zu Kleist siehe auch www.kleist.org und »Zeitschriften / Au-
tor(inn)en-Jahrbücher« S. 95.

Burkhardt, Gerhard / Nicolai, Heinz: Klopstock-Biblio-
graphie. Berlin / New York 1975. (Friedrich Gottlieb
Klopstock: Werke und Briefe. Hist.-krit. Ausg., Abt.
Add., Bd. 1.)

Seifert, Siegfried: Lessing-Bibliographie. Berlin (DDR)
1973.

Kuhles, Doris: Lessing-Bibliographie. 1971–1985. Unter
Mitarb. von Erdmann von Wilamowitz-Moellendorf.
Berlin/Weimar 1988.
Zu Lessing siehe auch »Zeitschriften / Autor(inn)en-Jahrbü-
cher« S. 95.

Matter, Harry: Die Literatur über Thomas Mann: Eine Bibliographie 1898–1969. 2 Bde. Berlin 1972.

Jonas, Klaus Werner: Die Thomas-Mann-Literatur. Bibliographie der Kritik. 2 Bde. Berlin 1972–79.
Zu Th. Mann siehe auch »Zeitschriften / Autor(inn)en-Jahrbü-
cher« S. 95.

Schmidt, Ingo / Vaßen, Florian: Bibliographie Heiner
Müller. 1948–1992. Unter Mitarb. von Uwe Sänger
[u. a.]. Bielefeld 1993.

Thöming, Jürgen C.: Robert-Musil-Bibliographie. Bad
Homburg 1968.

Fiala-Fürst, Ingeborg: Robert Musil. Internationale Bibliographie der Sekundärliteratur 1984–1991. Saarbrü-
cken 1991.

Ritzer, Walter: Rainer Maria Rilke Bibliographie. Wien
1951.

Vulpius, Wolfgang: Schiller Bibliographie 1893–1958 nebst
Erg.-Bd. 1959–1963. Weimar/Berlin 1959–67.

Wersig, Peter: Schiller-Bibliographie 1964–1974. Berlin 1977.

Bärwinkel, Roland / Lopatina, Natalija / Mühlpfordt, Günther: Schiller-Bibliographie 1975–1985. Berlin 1989. Zu Schiller siehe auch »Zeitschriften / Autor(inn)en-Jahrbücher« S. 95.

Müther, Karl-Heinz: Bibliographie Arno Schmidt. Bielefeld 1992.

Eisenmeier, Eduard: Adalbert Stifter-Bibliographie. Linz 1964. – [Forts.:] 1964–1970. Linz 1971. – [Forts.:] 1971–1977. Linz 1978.

Teitge, Hans-Erich: Theodor Storm-Bibliographie. Berlin 1967.

Litschke, Peer-Ingo: Peter Weiss Bibliographie. Internationales Schrifttumverzeichnis der Primär- und Sekundärliteratur unter Einschluß der Bildenden Künste und der Filme mit Berücksichtigung der frühen künstlerischen Versuche. Aachen 2000. Zu Weiss siehe auch »Zeitschriften / Autor(inn)en-Jahrbücher« S. 95.

Günther, Gottfried / Zeilinger, Heidi: Wieland-Bibliographie. Berlin/Weimar 1983.

Wild, Henk de: Bibliographie der Sekundärliteratur zu Christa Wolf. Frankfurt a. M. 1995.

Repertorien

Raabe, Paul: Die Zeitschriften und Sammlungen des literarischen Expressionismus. Repertorium der Zeitschriften, Jahrbücher, Anthologien, Sammelwerke, Schriftenreihen und Almanache 1910–1921. Stuttgart 1964. (Repertorien zur deutschen Literaturgeschichte. 1.)

Schlawe, Fritz: Literarische Zeitschriften. [Tl. I.] 1885–1910. 2., durchges. und erg. Aufl. Stuttgart 1965. (Sammlung Metzler. 6.)

Friedrichs, Elisabeth: Literarische Lokalgrößen 1700–

1900. Verzeichnis der in regionalen Lexika und Sammelwerken aufgeführten Schriftsteller. Stuttgart 1967. (Repertorien zur deutschen Literaturgeschichte. 3.)

Laakmann, Dagmar: Literarische Zeitschriften und Jahrbücher 1880–1970. Verzeichnis der im Deutschen Literaturarchiv erschlossenen Periodica. Marbach a. N. 1972.

Schlawe, Fritz: Literarische Zeitschriften 1910–1933. 2., durchges. und erg. Aufl. Stuttgart 1973. (Sammlung Metzler. 24.)

King, Janet K.: Literarische Zeitschriften 1945–1970. Stuttgart 1974. (Sammlung Metzler. 129.)

Hocks, Paul / Schmidt, Peter: Literarische und politische Zeitschriften 1789–1805. Von der politischen Revolution zur Literaturrevolution. Stuttgart 1975. (Sammlung Metzler. 121.)

Wilke, Jürgen: Literarische Zeitschriften des 18. Jahrhunderts. 1688–1789. 2 Tle. Stuttgart 1978.

Obenaus, Sybille: Literarische und politische Zeitschriften 1830–1848. Stuttgart 1986. (Sammlung Metzler. 225.)

Obenaus, Sybille: Literarische und politische Zeitschriften 1848–1880. Stuttgart 1987. (Sammlung Metzler. 229.)

Huss-Michel, Angela: Literarische und politische Zeitschriften des Exils 1933–1945. Stuttgart 1987. (Sammlung Metzler. 238.)

Dietzel, Thomas: Deutsche literarische Zeitschriften 1880–1945. Ein Repertorium. München [u. a.] 1988.

Estermann, Alfred: Die deutschen Literaturzeitschriften 1850–1880. Bibliographien, Programme. 5 Bde. München [u. a.] 1988–89.

Estermann, Alfred: Die deutschen Literaturzeitschriften 1815–1850. Bibliographien, Programme, Autoren. 9 Bde. München [u. a.] 1991.

Fischer, Bernhard: Deutsche literarische Zeitschriften 1945–1970. Ein Repertorium. München [u. a.] 1992.

Kuhles, Doris: Deutsche literarische Zeitschriften von der

Aufklärung bis zur Romantik. Bibliographie der kritischen Literatur von den Anfängen bis 1900. 2 Tle. München [u. a.] 1994.

Wülfing, Wulf (Hrsg.): Handbuch literarisch-kultureller Vereine, Gruppen und Bünde 1825–1933. Stuttgart/Weimar 1998. (Repertorien zur deutschen Literaturgeschichte. 18.)

Recherche- und Bibliographierpraxis
Beispiel

Bibliographieren – Von einer extensiven Sekundärliteratur-Liste zur Arbeitsbibliographie

Arbeitsaufträge und Themen literaturwissenschaftlicher Hausarbeiten oder Referaten können im Hinblick auf die Menge der zunächst bibliographierbaren Literatur stark differieren. Es versteht sich von selbst, dass eine Bibliographie etwa zu einer Themenstellung zu Goethes *Iphigenie* eine schier unendliche Liste von Aufsätzen und Büchern ergeben kann, während diejenige etwa zu einem Gedicht Barthold Hinrich Brockes' oder Friedrich Leopold Graf zu Stolbergs eher übersichtlich geraten wird – wenn es überhaupt eine Arbeit gibt, die sich – schon vom Titel her – speziell damit beschäftigt. Hier soll allerdings, um den Weg von einer extensiven Nutzung der für die germanistische Literaturwissenschaft bereitgestellten Bibliographien zu einer Arbeitsbibliographie im Blick auf eine präzise Aufgabenstellung im Seminarzusammenhang paradigmatisch darstellen zu können, der erste Fall angenommen werden: In einem Pro- oder Hauptseminar zu Goethes klassizistischen Dramen soll eine Seminararbeit über die *Iphigenie* geschrieben werden; im Seminar wird eine Liste mit Themenvorschlägen für schriftliche Hausarbeiten ausgegeben, die für die Studierenden eine erste Orientierung über mögliche Fragestellungen gibt:

• Von rhythmischer Prosa zum Vers · Zur Entstehungsgeschichte der *Iphigenie*

- Die Oresthandlung · Textanalyse
- Die Iphigenienhandlung · Textanalyse
- »Der Frauen Zustand ist beklagenswert« – Gender-Per-spektiven auf Goethes klassizistisches Drama
- Allein in der Fremde – Fremdheitserfahrungen und -thematisierungen in Goethes *Iphigenie*
- Retardierendes Moment und Konfliktlösung. Zum letz-ten Aufzug der *Iphigenie* · Textanalyse
- Zum Umgang Goethes mit dem Mythos: Humanisie-rung und Psychologisierung in der *Iphigenie*
- Klassizistische Anlagen · Aktaufbau, Figurenkonstella-tion u. a. in der *Iphigenie*
- Risse und Brüche im ästhetischen Gewand: Zur Selbst-problematisierung der »Klassik« in Goethes *Iphigenie*
- Griechen und Skythen — Barbarei und Humanität: Die Dialektik der Aufklärung

Der Ausgangspunkt einer intensiven bibliographischen Recherche ist immer die *Bibliographie der deutschen Sprach- und Literaturwissenschaft*, der so genannte »Ep-pelsheimer-Köttelwesch«. Jahrgangsband für Jahrgangs-band wird, vom *jüngsten* Band ausgehend rückwärts in der Zeit und mindestens über zehn Jahrgänge, zunächst alles ausgeschrieben, was im Eppelsheimer-Köttelwesch an Forschungsliteratur zur *Iphigenie* angegeben ist.

> Bei der Ausschrift der Angaben aus dem Eppelsheimer-Köttelwesch ist unbedingt die vollständige Übernahme der dort angegebenen Daten zu gewährleisten! Dabei darf allerdings das bibliographische Datenmaterial durchaus schon den eigenen Gepflogenheiten des Lite-raturhinweises angepasst werden (Reihenfolge der An-gaben, Kursivierung, Interpunktion o. Ä.).

Das Ergebnis dieser Recherche ist (in diesem thematischen Fall) nahezu überwältigend:

[Eppelsheimer-Köttelwesch, Jg. 2000:]

Béhar, Pierre: Goethe und die Barockdramatik. Eine mögliche Quelle zu ›Iphigenie auf Tauris‹. In: [294], S. 151–158.

> Die Sigle in eckigen Klammern, die den Fundort des verzeichneten Aufsatzes angibt, muss immer sofort aufgelöst werden. Es nützt nichts, sie mitzubibliographieren. An ihrer Stelle wird diejenige Angabe eingefügt, die unter der Sigle (hier [294]) weiter vorne im entsprechenden Jahrgangsband verzeichnet ist (im Folgenden wird *hier* allerdings auf diese unmittelbare Einfügung verzichtet, um eine genauere Abbildung dessen zu liefern, was in den Fachbibliographien zu finden ist):
> [294] Stellmacher, Wolfgang / Tarnói, László (Hrsg.): Goethe. Vorgaben, Zugänge, Wirkungen. Frankfurt a. M. / Berlin [u. a.] 2000.

Beutin, Heidi: »Ich bin so frei geboren als ein Mann«. Frauenbild, weibliches Priestertum und Humanität in Goethes Schauspiel ›Iphigenie‹. In: [301], S. 23–50.

> [301] Beutin, Wolfgang / Bütow, Thomas (Hrsg.): Gottes ist der Orient! Gottes ist der Occident! Goethe und die Religionen der Welt. Beiträge der Tagung vom 28. bis 30. Mai 1999 in der Evangelischen Akademie Nordelbien, Bad Segeberg. Frankfurt a. M. / Berlin [u. a.] 2000.

Blondeau, Denise: La constitution du sujet dans ›Iphigenie auf Tauris‹. In: Le texte et l'idée 13 (1998), S. 87–100.

> Ergänzung aus dem *Goethe-Jahrbuch* 118 (2001): Dass. – [dt. u. d. T.:] »Die Konstitution des Subjekts in Goethes ›Iphigenie auf Tauris‹«. In: Dumiche, Beatrice (Hrsg.): Lectures françaises et allemandes du XVIIIe siècle: Actes du colloque interdisciplinaire tenu à l'université de Reims Champagne-Ardenne. Bonn 2000. S. 99–111. (Abhandlungen zur Sprache und Literatur. 134.)

Böcker, Lisa: »Und es gewöhnt sich nicht mein Geist hierher«: Reflexionen über Fremdheit. Goethes ›Iphigenie auf Tauris‹ im Deutschunterricht als Chance zum interkulturellen Lernen. In: [121], S. 413–449.

Denk, Rudolf: »Verteufelt existentiell«. Goethes ›Iphigenie in Methodikerhand oder Anmerkungen zur Behandlung eines Klassikers im Deutschunterricht der fünfziger und sechziger Jahre. In: [121], S. 239–261.

Mecklenburg, Norbert: ›Iphigenie‹ und ihre türkische Verwandtschaft. In: [121], S. 451–460.

Wierlacher, Alois: Ent-fremdete Fremde. Goethes ›Iphigenie auf Tauris‹ als Drama des Völkerrechts. In: [121], S. 393–412. [Schon 1983!!!]

[121] Lecke, Bodo (Hrsg.): Dauer im Wechsel? Goethe und der Deutschunterricht. Frankfurt a. M. / Berlin [u. a.] 2000. (Beiträge zur Geschichte des Deutschunterrichts. 44.)

Neumann, Gerhard: Erkennungsszene und Opferritual in Goethes ›Iphigenie‹ und Kleists ›Penthesilea‹. In: [400], S. 38–80.

[400] Emig, Günther / Knittel, Anton Philipp (Red.): Käthchen und seine Schwestern: Frauenfiguren im Drama um 1800. Internationales Kolloquium des Kleist-Archivs Sembdner, 12. und 13. Juni 1997 in der Kreissparkasse Heilbronn. Heilbronn 2000.

Wagner, Irmgard: Critical approaches to Goethe's classical dramas: ›Iphigenie‹, ›Tasso‹, and ›Die natürliche Tochter‹. Columbia (SC) 1995.

*

[Eppelsheimer-Köttelwesch, Jg. 1999:]

Buck, Theo: Goethes ›Iphigenie‹ als dramaturgisches Modell des Bewußtseinstheaters. In: Der Deutschunterricht 51 (1999) H. 1. S. 30–39.

Deiters, Franz-Josef: Goethes ›Iphigenie auf Tauris‹ als

Drama der Grenzüberschreitung oder: Die Aneignung des Mythos. In: Jahrbuch des Freien Deutschen Hochstifts 1999. S. 14–51.

Frick, Werner: Johann Wolfgang von Goethe. ›Iphigenie auf Tauris‹. In: Große Werke der Literatur 6 (1998/99) S. 77–101.

Hara, Kenji: Die Stimme und der Schatten. Zu Goethes ›Iphigenie auf Tauris‹. In: Goethe-Jahrbuch (Tokyo) 40 (1998) S. 21–33.

Holst, Günther: Johann Wolfgang Goethe. ›Iphigenie auf Tauris‹. Frankfurt a. M. 1998.

Jahr, Silke: Machtausübung im literarischen Geschlechterdiskurs. Linguistische Analyse zweier Gespräche zwischen Thoas und Iphigenie in Goethes ›Iphigenie auf Tauris‹. In: [106], S. 273–288.

    [106] Scholz, Hannelore [u. a.] (Hrsg.): Brüche: Auf-Brüche – Um-Brüche – Aus-Brüche in Ost und West. Nation – Kultur – Geschlechterverhältnisse. Ergebnisse eines Symposiums. Berlin 1999. (Der weibliche multikulturelle Blick. 2.)

Lange, Horst: Goethe's ›Iphigenie auf Tauris‹ and the first amendment. In: [606], S. 8–26.

    [606] Bjorklund, Beth / Cory, Mark E. (Hrsg.): Politics in German literature. Essays in memory of Frank G. Ryder. Columbia (SC) 1998. (Studies in German literature, linguistics, and culture.).

Meisel, Gerhard: Goethes ›Iphigenie‹ spieltheoretisch. In: LWU 32 (1999) H. 2. S. 99–103.
    LWU = Literatur in Wissenschaft und Unterricht

Schönborn, Sibylle: Vom Geschlechterkampf zum symbolischen Geschlechtertausch. Goethes Arbeit am antiken Mythos am Beispiel der ›Iphigenie auf Tauris‹. In: [308], S. 83–100.

    [308] Witte, Bernd / Ponzi, Mauro (Hrsg.): Goethes Rückblick auf die Antike. Beiträge des deutsch-italienischen Kolloquiums Rom 1998. Berlin 1999.

Die Recherche in jedem Jahrgangsband des Eppelsheimer-Köttelwesch muss ergänzt werden durch einen vergleichenden Blick in die *Germanistik* sowie die MLA – in unserem Fall auch noch durch einen Blick in die Bibliographie des jeweiligen *Goethe-Jahrbuchs*.

[In der *Germanistik* (1999) findet sich folgende ergänzende Angabe:]

Willim, Petra: So frei geboren wie ein Mann? Frauengestalten im Werk Goethes. Königstein i. Ts. 1997.

[Ergänzung aus der MLA:]

Mecklenburg, Norbert: Zur poetischen Inszenierung von Interkulturalität: Hybridisierung, Dialogizität und Differenzästhetik in Goethes Iphigenie. In: Etudes Germano-Africaines: Revue Annuelle de Germanistique Africaine / Jahresschrift für Afrikanische Germanistik / Annual Review 17 (1999) S. 65–79.

[Ergänzung aus dem *Goethe-Jahrbuch* 116 (1999):]

Sergl, Anton: Das Problem des Chors im deutschen Klassizismus: Schillers Verständnis der ›Iphigenie auf Tauris‹ und seine ›Braut von Messina‹. In: Jahrbuch der deutschen Schillergesellschaft 42 (1998) S. 165–194.

＊

[Eppelsheimer-Köttelwesch, Jg. 1998:]

Grünewald, Heidi: Goethe im ›Laberint‹. In: [111], S. 115–124.
[111] Siguan, Marisa (Hrsg.): Actes del congrés Deutsch in Spanien aus der Sicht der Europäischen Integration. Sitges, Palau Maricel, 5–7 d'abril de 1990. Barcelona 1991.

Gutjahr, Ortrud: Iphigenie – Penthesilea – Medea. Zur Klassizität weiblicher Mythen bei Goethe, Kleist und Grillparzer. In: [209], S. 223–243.

[209] Henn, Marianne / Hufeisen, Britta (Hrsg.): Frauen: MitSprechen, MitSchreiben. Beiträge zur literatur- und sprachwissenschaftlichen Frauenforschung. Stuttgart 1997. (Stuttgarter Arbeiten zur Germanistik. 349.)

Liewerscheidt, Dieter: Selbsthelferin ohne Autonomie: Goethes ›Iphigenie‹. In: Goethe-Jahrbuch 114 (1997) S. 219–230.

*

[Eppelsheimer-Köttelwesch, Jg. 1997:]

Arfaoui-Khelifa, Amina: »Du kennst mich und du willst mich zwingen«. Zur Wandlung des Frauenbildes beim jungen Goethe am Beispiel der ›Iphigenie‹. In: [325], Bd. 1. S. 486–488.

[325] Transactions of the ninth International Congress on the Enleightenment, Münster, 23–29 July 1995. 3 Bde. Oxford 1996.

Geisenhanslüke, Achim: Johann Wolfgang Goethe, ›Iphigenie auf Tauris‹. München 1997.

Kurdi, Imre: Die Unvergleichlichkeit des Gleichen / die Gleichheit des Unvergleichbaren: Goethes ›Iphigenie‹ und Kleists ›Penthesilea‹. Versuch einer literaturhistorischen Ortsbestimmung. In: [703], S. 47–59.

[703] Kurdi, Imre / Zalán, Péter (Hrsg.): Die Unzulänglichkeit aller philosophischen Engel. Festschrift für Zsuzsa Széll. Budapest 1996. (Budapester Beiträge zur Germanistik. 28.)

Platen, Edgar: Die Sprache des Humanen in Goethes ›Iphigenie auf Tauris‹. In: [549], S. 101–117.

[549] Platen, Edgar: Poesie & Technik. Interpretationen zum Fragehorizont. Frankfurt a. M., Berlin [u. a.] 1997.

Schultz, Karla L.: Von der halben und ganzen Humanität
der ›Iphigenie‹. In: Studi germanici 33 (1995) Nr. 2/3.
S. 39–52.

Stühler, Friedbert: Johann Wolfgang von Goethe: ›Iphigenie auf Tauris‹. Bertolt Brecht: ›Die heilige Johanna der
Schlachthöfe‹ – Frauengestalten im Zeichen der Humanität. Hollfeld 1997.

[Ergänzungen aus der *Germanistik* (1997):]

Swales, Martin: »Das Bild, o König, soll uns nicht ent-
zwein«: Image and image making in Goethe. In: PEGS
66 (1996/97), S. 42–52.
PEGS = Publications of the English Goethe Society

[Ergänzung aus der MLA:]

Lange, Horst Joachim: Identitätskrise und Souveranitäts-
prinzip: Die Relevanz des Politischen in Goethes ›Götz
von Berlichingen‹ und ›Iphigenie auf Tauris‹. In: Disser-
tation Abstracts International, A (Humanities and So-
cial Sciences) 57|8 (1997) 3515.

*

[Eppelsheimer-Köttelwesch, Jg. 1996:]

Barry, David: »Ist uns nichts übrig?«. The residue of resis-
tance in Goethe's ›Iphigenie auf Tauris‹. In: GLL 49
(1996) Nr. 3. S. 283–296.
GLL = German Life and Letters

Meuthen, Erich: »Sprich deutlicher, dass ich nicht länger
sinne:« Über den Doppelsinn in Goethes ›Iphigenie‹.
In: Euphorion 90 (1996) H. 4. S. 415–431.

Richter, Simon: Sculpture, music, text: Winckelmann,
Herder and Gluck's ›Iphigénie en Tauride‹. In: Goethe
Yearbook 8 (1996) S. 157–171.

Schneikart, Monika: »Dem König ein gutes Wort geben«.
Zur Beziehung zwischen Aufklärungs- und Geschlechterdiskurs in Goethes Drama ›Iphigenie auf Tauris‹
(1779/1787). In: [712] S. 53–65.

[712] Müller-Waldeck, Gunnar / Gratz, Michael (Hrsg.):
Vernünfte und Mythen. Kolloquium der Universitäten Greifswald und Aarhus zum Thema Aufklärung
heute? (Mai 1992). Essen 1996. (Allgemeine Literatur-
und Sprachwissenschaft. 6.)

Stammberger, Achim: Der Vers im Monolog als Mittel in-
nerer und äußerer Bewegung. Aspekte der Dynamik
von Sprache und Geschehen in Goethes ›Iphigenie auf
Tauris‹ und Grabbes ›Don Juan und Faust‹. In: [95],
S. 47–93.

[95] Kopp, Detlev (Hrsg.): Christian Dietrich Grabbe.
Ein Dramatiker der Moderne. Bielefeld 1996.

Werner, Hans-Georg: Verteufelt human. Über den Zusammenhang zwischen Goethes ›Iphigenie‹ und Grill-
parzers ›Goldenem Vließ‹. In: [746] S. 229–242.

[746] Werner, Hans-Georg: Literarische Strategien. Studien zur deutschen Literatur 1760–1840. Stuttgart/
Weimar 1993.

*

[Eppelsheimer-Köttelwesch, Jg. 1995:]

Blondeau, Denise: Travail de la mémoire et construction
de l'histoire dans ›Iphigenie auf Tauris‹. In: Cahier
d'études germaniques (1995) Nr. 29. S. 147–152.

Breithaupt, Fritz: Platons Paradox des Bildes und die In-
stabilität des Wortes in Goethes ›Iphigenie auf Tauris‹.
In: DVS 69 (1995) H. 2. S. 205–230.
DVS = Deutsche Vierteljahrsschrift

Kershner, Sybille: »Mein Schicksal ist an deines fest ge-
bunden«: Rettung, Heilung und Entsühnung in Goe-

thes ›Iphigenie‹. In: Goethe-Jahrbuch 111 (1994),
S. 23–34.

Klingmann, Ulrich: Arbeit am Mythos: Goethes ›Iphigenie auf Tauris‹. In: GQ 68 (1995) Nr. 1. S. 19–31.
GQ = The German Quarterly

Reiss, Hans: ›Theologische‹ Politik in ›Iphigenie auf Tauris‹. In: [534], S. 188–203. [Zuerst 1990.]
[534] Reiss, Hans: Formgestaltung und Politik. Goethe-Studien. Würzburg 1993.

*

[Eppelsheimer-Köttelwesch, Jg. 1994:]

Borchmeyer, Dieter: ›Iphigenie auf Tauris‹. In: [213], S. 117–157.
[213] Hinderer, Walter (Hrsg.): Goethes Dramen. Stuttgart 1993.

Maillard, Christine: Loslösung – Begegnung – Bestimmung: Goethes ›Iphigenie auf Tauris‹. Mythos und Archetyp. In: GR 69 (1994) Nr. 3. S. 98–105.
GR = Germanic Review

Pfeifer, Martin: Johann Wolfgang Goethe. ›Iphigenie auf Tauris‹. Erläuterungen, didaktisch-methodische Hinweise. Hollfeld 1994.

Swales, Martin: »Die neue Sitte« and metaphors of secular existence: reflections on Goethe's ›Iphigenie‹. In: MLR 89 (1994) Nr. 4. S. 902–915.
MLR = Modern Language Review

*

[Eppelsheimer-Köttelwesch, Jg. 1993:]

Wittkowski, Wolfgang: »Bei Ehren bleiben die Orakel und gerettet sind die Götter«? Goethes ›Iphigenie‹. In: [545], S. 57–77. [Zuerst 1984.]

[545] Wittkowski, Wolfgang: Andeuten und Verschleiern in Dichtungen von Plautus bis Hemingway und von der Goethezeit bis Sarah Kirsch. Frankfurt a. M. / Berlin [u. a.] 1993. (Forschungen zur Literatur- und Kulturgeschichte. 33.)

*

[Eppelsheimer-Köttelwesch, Jg. 1992:]

Fowler, Frank M.: Goethe on the road to blank verse drama: the evidence of the ›Iphigenie‹ of 1779. In: London German studies 4 (1992) S. 70–88.
Winter, Ingrid: Wiederholte Spiegelungen. Funktion und Bedeutung der Verseinlage in Goethes ›Iphigenie auf Tauris‹ und ›Wilhelm Meisters Lehrjahre‹. New York / Frankfurt a. M. [u. a.] 1988.

*

[Eppelsheimer-Köttelwesch, Jg. 1991:]

Greiner, Bernhard: Weibliche Identität und ihre Medien. Zwei Entwürfe Goethes: ›Iphigenie auf Tauris‹, ›Bekenntnisse einer schönen Seele‹. In: Jahrbuch der Deutschen Schillergesellschaft 35 (1991) S. 33–56.

*

[Eppelsheimer-Köttelwesch, Jg. 1990:]

Borchmeyer, Dieter: Das gebannte Schicksal und seine Wiederkehr. Goethes ›Iphigenie‹ im Blick auf das Drama um 1800: ›Wallenstein‹. In: [246], S. 102–112.
[246] Bauer, Roger (Hrsg.): Inevitabilis vis fatorum. Der Triumph des Schicksalsdramas auf der europäischen Bühne um 1800. Frankfurt a. M. [u. a.] 1990. (Jahrbuch für internationale Germanistik A 1990. 27.)

Gallas, Helga: Antikenrezeption bei Goethe und Kleist: Penthesilea, eine Anti-Iphigenie? In: [351], S. 209–220.

[351] Dietrick, Linda (Hrsg.): Momentum dramaticum. Festschrift for Eckehard Catholy. Waterloo (Ont.) 1990.

Greiner, Bernhard: Iphigenie als Entwurf ambivalenter Weiblichkeit: Goethes Stück entlarvt die Gleichsetzung von Weiblichkeit mit humanisierter Menschlichkeit als Ideologie. In: Frankfurter Rundschau. Nr. 247 vom 23.10.1990. S. 26.

Larkin, Edward T.: Aggression and dialogue in Goethe's ›Iphigenie auf Tauris‹. Competing principles of societal and personal intercourse. In: [74], S. 92–103.

[74] Haymes, Edward R. (Hrsg.): Crossings, Kreuzungen. A Festschrift for Helmut Kreutzer. Columbia (SC) 1990. (Studies in German literature, linguistics, and culture. 43.)

Patterson, Michael: Goethe at Weimar: ›Iphigenia on Tauris‹. In: [383], S. 53–110.

[383] Patterson, Michael: The first German theatre: Schiller, Goethe, Kleist and Büchner in performance. London [u. a.] 1990.

Reiss, Hans: The consequences of ›theological‹ politics in Goethe's ›Iphigenie auf Tauris‹. In: [382], S. 59–71.

[382] James, Dorothy (Hrsg.): Patterns of Change. German drama and the European tradition: Essays in honour of Ronald Peacock. Bern / Frankfurt a. M. [u. a.] 1990. (Studies in European thought. 1.)

Schemme, Wolfgang: »… der Himmel behüte uns vor ewigen Werken«. Von der kanonischen Gefangenschaft der Iphigenie. In: [318], S. 201–250.

[318] Kochan, Detlef C. (Hrsg.): Literaturdidaktik, Lektürekanon, Literaturunterricht. Amsterdam [u. a.] 1990. (Amsterdamer Beiträge zur neueren Germanistik. 30.)

Die schon sehr ansehnliche Liste möglicher Forschungsliteratur zu einem der Themen für eine schriftliche Hausarbeit muss, je nach ausgewähltem Thema, gegebenenfalls ergänzt werden durch Angaben zu etwas älterer Literatur, die sich etwa in der ausgreifenden Bibliographie zur *Iphigenie* im 2. Band des *Goethe-Handbuchs* (Stuttgart/Weimar 1996), im entsprechenden Band der Sammlung Metzler (Bd. 288) oder auch in Reclams *Erläuterungen und Dokumenten* zu Goethes Drama (Reclams Universal-Bibliothek. 16025) finden. Dieser ergänzende Blick ist auf jeden Fall unumgänglich, damit die spätere Arbeitsbibliographie zur schriftlichen Hausarbeit tatsächlich die wichtige einschlägige Literatur enthält.

Gleichzeitig darf hier aber darauf hingewiesen werden, dass die wichtigen einschlägigen Texte älteren Datums sich auf jeden Fall in den Anmerkungsapparaten der neueren Publikationen finden werden: Autorinnen und Autoren setzen sich in ihren Forschungen immer auch mit der bisherigen Forschungsdiskussion auseinander – die Anmerkungen oder Fußnoten dieser Aufsätze können also auch immer zum Nach-Bibliographieren vorgängiger, bisher nicht erfasster Forschungsliteratur dienen; aus den forschungsberichtlichen Passagen der Aufsätze lässt sich leicht erschließen, welcher der älteren Beiträge tatsächlich unverzichtbar für die eigene Arbeit ist. Dieser *muss* dann noch in die eigene Arbeitsbibliographie eingebaut werden.

Aus der Liste der weiter oben angegebenen Themenvorschläge zum hier gewählten Beispielseminar zu Goethes klassizistischen Dramen wird, in einem ersten Beispiel, folgende Aufgabenstellung gewählt:

»Allein in der Fremde – Fremdheitserfahrungen und -thematisierungen in Goethes *Iphigenie*«

Aus der bisher bibliographierten Forschungsliteratur können nun folgende Beiträge in die Arbeitsbibliographie für die anstehende schriftliche Hausarbeit übernommen werden:

Böcker, Lisa: »Und es gewöhnt sich nicht mein Geist hierher«: Reflexionen über Fremdheit. Goethes ›Iphigenie auf Tauris‹ im Deutschunterricht als Chance zum interkulturellen Lernen. In: Lecke, Bodo (Hrsg.): Dauer im Wechsel? Goethe im Deutschunterricht. Frankfurt a. M. / Berlin [u. a.] 2000. S. 413–449. (Beiträge zur Geschichte des Deutschunterrichts. 44.)

Mecklenburg, Norbert: Zur poetischen Inszenierung von Interkulturalitat: Hybridisierung, Dialogizität und Differenzästhetik in Goethes Iphigenie. In: Etudes Germano-Africaines: Revue Annuelle de Germanistique Africaine / Jahresschrift für Afrikanische Germanistik / Annual Review 17 (1999) S. 65–79.

– ›Iphigenie‹ und ihre türkische Verwandtschaft. In: Lecke, Bodo (Hrsg.): Dauer im Wechsel? Goethe im Deutschunterricht. Frankfurt a. M. / Berlin [u. a.] 2000. S. 451– 460. (Beiträge zur Geschichte des Deutschunterrichts. 44.)

Wierlacher, Alois: Ent-fremdete Fremde. Goethes ›Iphigenie auf Tauris‹ als Drama des Völkerrechts. In: Lecke, Bodo (Hrsg.): Dauer im Wechsel? Goethe im Deutschunterricht. Frankfurt a. M. / Berlin [u. a.] 2000. S. 393–412. (Beiträge zur Geschichte des Deutschunterrichts. 44.)

In der Bibliographie etwa des Beitrags im *Goethe-Handbuch* kann erschlossen werden, wo der Aufsatz von Wierlacher erstveröffentlicht wurde:

Wierlacher, Alois: Ent-fremdete Fremde. Goethes ›Iphigenie auf Tauris‹ als Drama des Völkerrechts. In: Zeitschrift für Deutsche Philologie 102 (1983) S. 161–180.

Für ein zweites Beispiel wird aus den angebotenen Themen die folgende Aufgabenstellung gewählt:

»>Der Frauen Zustand ist beklagenswert< – Gender-Perspektiven auf Goethes klassizistisches Drama«

Aus der Masse der bisher bibliographierten Forschungsliteratur seit 1990 können, allein vom Titel her, folgende Beiträge als einschlägig identifiziert und damit in die Arbeitsbibliographie für die anstehende schriftliche Hausarbeit übernommen werden:

Arfaoui-Khelifa, Amina: »Du kennst mich und du willst mich zwingen«. Zur Wandlung des Frauenbildes beim jungen Goethe am Beispiel der ›Iphigenie‹. In: Transactions of the ninth International Congress on the Enleightenment, Münster, 23–29 July 1995. 3 Bde. Oxford 1996. Bd. 1. S. 486–488.

Beutin, Heidi: »Ich bin so frei geboren als ein Mann«. Frauenbild, weibliches Priestertum und Humanität in Goethes Schauspiel ›Iphigenie‹. In: Beutin, Wolfgang / Bütow, Thomas (Hrsg.): Gottes ist der Orient! Gottes ist der Occident! Goethe und die Religionen der Welt. Beiträge der Tagung vom 28. bis 30. Mai 1999 in der Evangelischen Akademie Nordelbien, Bad Segeberg. Frankfurt a. M. / Berlin [u. a.] 2000. S. 23–50.

Greiner, Bernhard: Iphigenie als Entwurf ambivalenter Weiblichkeit: Goethes Stück entlarvt die Gleichsetzung von Weiblichkeit mit humanisierter Menschlichkeit als Ideologie. In: Frankfurter Rundschau. Nr. 247 vom 23.10.1990. S. 26.

– Weibliche Identität und ihre Medien. Zwei Entwürfe Goethes: ›Iphigenie auf Tauris‹, ›Bekenntnisse einer schönen Seele‹. In: Jahrbuch der Deutschen Schillergesellschaft 35 (1991) S. 33–56.

Gutjahr, Ortrud: Iphigenie – Penthesilea – Medea. Zur Klassizität weiblicher Mythen bei Goethe, Kleist und

Grillparzer. In: Henn, Marianne / Hufeisen, Britta (Hrsg.): Frauen: MitSprechen, MitSchreiben. Beiträge zur literatur- und sprachwissenschaftlichen Frauenforschung. Stuttgart 1997. S. 223–243. (Stuttgarter Arbeiten zur Germanistik. 349.)

Jahr, Silke: Machtausübung im literarischen Geschlechterdiskurs. Linguistische Analyse zweier Gespräche zwischen Thoas und Iphigenie in Goethes ›Iphigenie auf Tauris‹. In: Scholz, Hannelore [u. a.] (Hrsg.): Brüche: Auf-Brüche – Um-Brüche – Aus-Brüche in Ost und West. Nation – Kultur – Geschlechterverhältnisse. Ergebnisse eines Symposiums. Berlin 1999. S. 273–288. (Der weibliche multikulturelle Blick. 2.)

Liewerscheidt, Dieter: Selbsthelferin ohne Autonomie: Goethes ›Iphigenie‹. In: Goethe-Jahrbuch 114 (1997) S. 219–230.
Bei diesem Beitrag ist die Einschlägigkeit für das gewählte Thema unsicher – der Titel des Aufsatzes legt allerdings nahe, ihn mindestens zur Kenntnis zu nehmen und, bei der Lektüre, seine Brauchbarkeit für das die Themenstellung der Hausarbeit zu überprüfen.

Neumann, Gerhard: Erkennungsszene und Opferritual in Goethes ›Iphigenie‹ und Kleists ›Penthesilea‹. In: Emig, Günther / Knittel, Anton Philipp (Red.): Käthchen und seine Schwestern: Frauenfiguren im Drama um 1800. Internationales Kolloquium des Kleist-Archivs Sembdner, 12. und 13. Juni 1997 in der Kreissparkasse Heilbronn. Heilbronn 2000. S. 38–80.

Schneikart, Monika: »Dem König ein gutes Wort geben«. Zur Beziehung zwischen Aufklärungs- und Geschlechterdiskurs in Goethes Drama ›Iphigenie auf Tauris‹ (1779/1787). In: Müller-Waldeck, Gunnar / Gratz, Michael (Hrsg.): Vernünfte und Mythen. Kolloquium der Universitäten Greifswald und Aarhus zum Thema Aufklärung heute? (Mai 1992). Essen 1996. S. 53–65. (Allgemeine Literatur- und Sprachwissenschaft. 6.)

Schönborn, Sibylle: Vom Geschlechterkampf zum symbolischen Geschlechtertausch. Goethes Arbeit am antiken
Mythos am Beispiel der ›Iphigenie auf Tauris‹. In: Witte, Bernd / Ponzi, Mauro (Hrsg.): Goethes Rückblick
auf die Antike. Beiträge des deutsch-italienischen Kol-
loquiums Rom 1998. Berlin 1999. S. 83–100.
Willim, Petra: So frei geboren wie ein Mann? Frauengestalten im Werk Goethes. Königstein i. Ts. 1997.

Ergänzend lassen sich dieser thematisch begründeten Auswahl aus dem *Goethe-Handbuch* oder aus Reclams *Erläuterungen und Dokumenten* folgende beiden Angaben hin-
zufügen:

Horsley, Ritta Jo: »Dies Frauenschicksal«. A critical ap-
praisal of Goethe's ›Iphigenie‹. In: Cocalis, Susan L. /
Goodman, Kay (Hrsg.): Beyond the eternal feminine.
Critical essays on woman and German literature. Stuttgart 1982. S. 47–74.
Reed, Terence James: Iphigenies Unmündigkeit. Zur
weiblichen Aufklärung. In: Stötzel, Georg (Hrsg.): Germanistik – Forschungsstand und Perspektiven. Vorträge
des Deutschen Germanistentages 1984. Tl. 2. Berlin /
New York 1985. S. 505–524.

Grundsätzlich ist es notwendig, zu den meist speziell auf
die Themenstellung des Studienprojektes ausgerichteten,
bisher ausgewählten Publikationen einige Gesamtinterpre-
tationen des jeweiligen Primärtextes der Arbeitsbibliographie hinzunehmen. Einerseits wird in diesen Gesamtin-
terpretationen mit hoher Wahrscheinlichkeit auch das eigene, speziellere Thema zumindest berührt, andererseits
aber kann nur so die eigene, enger fokussierte Erarbeitung
des Textes in größere Deutungszusammenhänge gestellt
oder sogar eingebaut werden. – Der Arbeitsbibliographie
sind also etwa folgende Angaben noch hinzuzufügen:

Borchmeyer, Dieter: Johann Wolfgang Goethe: ›Iphigenie auf Tauris‹. In: Müller-Michaels, Harro (Hrsg.): Deutsche Dramen. Interpretationen zu Werken von der Aufklärung bis zur Gegenwart. Bd. 1. Königstein i. Ts. 1981. S. 52–86.

Hackert, Fritz: Iphigenie auf Tauris. In: Hinderer, Walter (Hrsg.): Goethes Dramen. Neue Interpretationen. Stuttgart 1980. S. 144–168.

Reed, Terence James: Iphigenie auf Tauris. In: Witte, Bernd [u. a.] (Hrsg.): Goethe-Handbuch. Bd. 2: Dramen. Stuttgart/Weimar 1996. S. 195–228.

Damit umfasst die bisher erstellte Arbeitsbibliographie für die schriftliche Hausarbeit zum ersten Thema 7 Beiträge, zum zweiten Thema schon 15 Forschungsbeiträge – Letzteres ist für eine schriftliche Hausarbeit im Proseminar eigentlich schon zu viel, für ein Projekt im Hauptstudium gerade passend. Bei einer Proseminararbeit müsste in einem solchen Falle gegebenenfalls nach eigener Lektüre oder auch nach einem Sprechstundenbesuch mit Hilfe der Dozentin oder des Dozenten eine kleinere, genauere Auswahl aus den einschlägigen Forschungsbeiträgen getroffen werden.

Bevor allerdings mit der Lektüre der Forschungsliteratur begonnen werden kann, sollte grundsätzlich zunächst der literarische Text selbst bzw. diejenigen Textausschnitte, Szenen oder Kapitel, Figuren oder deren Konstellationen oder was sonst genauerer Gegenstand der schriftlichen Hausarbeit ist, intensiv erarbeitet werden.[**] Zunächst müssen am literarischen Text selbst, *ohne* dass durch die Forschungsbeiträge schon bestimmte, zu feste Wahrneh-

---

[**] Hier nochmals der Hinweis auf die Erläuterung zur intensiven Erarbeitung des literarischen Gegenstandes einer schriftlichen Hausarbeit, eines Referats, für Prüfung oder Examensarbeit, in: Benedikt Jeßing, *Arbeitstechniken des literaturwissenschaftlichen Studiums,* Stuttgart 2001, S. 48–70.

mungsraster sich im Kopf festgesetzt haben, eigene Beobachtungen, Deutungsvorschläge usw. notiert, nach verschiedenen Wahrnehmungskategorien geordnet und ausformuliert werden mit dem Ziel, schon jetzt eine eigene Verständnishypothese zu artikulieren.

Erst in einem weiteren Schritt werden dann die Forschungstexte, die in der Arbeitsbibliographie versammelt sind, gelesen, erarbeitet und exzerpiert – und daraufhin den eigenen Beobachtungskategorien zugeordnet; jetzt beginnt der intensive *Dialog mit der Forschung*, der Ziel einer jeden schriftlichen Hausarbeit im literaturwissenschaftlichen Studium ist.***

Zusätzlich ist es ratsam, verschiedene »Hintergründe« des Hausarbeitsthemas zu recherchieren. Im Falle der Goetheschen *Iphigenie* kann es etwa notwendig werden, in Literaturlexika, Literaturgeschichten oder auch in Epochenmonographien zur so genannten »Weimarer Klassik« Informationen zu den Epochenkonzepten »Klassik« bzw. »Klassizismus« zu suchen, um den Primärtext sowohl in seinem literarhistorischen oder auch ästhetisch-programmatischen Kontext verstehen zu können. Gleiches gilt für Gattungskonzepte. Notwendige Daten zur Entstehungsgeschichte des literarischen Textes können aus Autor-Monographien oder -Handbüchern, auch aus guten Autor-Biographien erhoben werden. Zusätzlich kann es geboten erscheinen – zumindest im Falle der *Iphigenie* –, genauere Kenntnisse über Goethes Umgang mit Mythos und Mythologie zu sammeln; auch hier geben Autor-Monographien bzw. -Handbücher die nötige Auskunft. – Selbstverständlich müssen auch die für diese »Hintergrund«-Recherche herangezogenen literaturwissenschaftlichen Werke in den Fußnoten sowie in der Bibliographie der schriftlichen Hausarbeit angeführt werden!

*** *Vgl.* ebd., S. 70–92.

Personenregister

Zum Autor

BENEDIKT JESSING, geb. 1961 in Steinfurt-Borghorst/Westfalen, Studienrat im Hochschuldienst am Germanischen Institut der Ruhr-Universität Bochum. Studium an der Universität GH Essen, 1991 Promotion über Goethes *Wilhelm Meisters Wanderjahre* und Uwe Johnsons *Mutmassungen über Jakob*. Publikationen u. a. zu Goethe und zur Goethezeit, zur Literatur des 20. Jahrhunderts und zur Literaturtheorie. Im Reclam-Verlag erschien 2001 *Arbeitstechniken des literaturwissenschaftlichen Studiums*.